AVENTURAS
POR EL CAMINO

Las andanzas de un peregrino por el Camino Francés

Vicente Cabán

Publicado por Ibukku
www.ibukku.com
Diseño y maquetación: Índigo Estudio Gráfico
Copyright © 2021 Vicente Cabán
ISBN Paperback: 978-1-64086-946-2
ISBN Hardcover: 978-1-64086-947-9
ISBN eBook: 978-1-64086-948-6

ÍNDICE

Capítulo I: El Camino de Santiago de Compostela

El Camino de Santiago de Compostela está formado por un conjunto de muchas vías, las cuales forman una telaraña de caminos en España. Hasta el día de hoy se han identificado alrededor de 200 caminos. Sin embargo, solo hay un puñado de estos caminos que son los más populares y a la vez los más transcurridos. Entre los más transitados están: El Camino del Norte, El Camino de Finisterre, La Vía de la Plata, El Camino Sanabrés, El Camino Mozárabe, El Camino Aragonés, El Camino Inglés, El Camino Portugués, El Camino del Salvador, y el más popular de todos ellos, El Camino Francés.

Hay otras rutas que, aunque no son tan populares, no dejan de ser interesantes. Cada una de ellas tiene su encanto y peculiaridad... montañosas, solitarias, multitudinarias, cerca al mar, lejos del mar, en el interior, etc. En fin, que en cada camino hay una historia y todos tienen muchas anécdotas "que contar."

Cada uno de estos caminos tiene su origen en diferentes lugares de España o del mundo. Sin embargo, todos tienen como meta la ciudad de Santiago de Compostela, capital de la Comunidad Autónoma de Galicia. La razón por la cual Santiago de Compostela es la meta de cada uno de estos caminos es porque se dice que allí es donde se encuentran los restos del Apóstol Santiago y los diferentes caminos llevan al peregrino al sepulcro del Apóstol. Por consiguiente, todos los años llegan a Santiago miles de peregrinos, curiosos, y turistas de todos los rincones del mundo.

Si bien hay algunos caminos que son más masificados que otros, lo cierto es que, durante los meses menos fríos de abril a octubre, diariamente, llegan a la Catedral de Santiago de Compostela entre 1500 a 2000 peregrinos los siete días de la semana. Aunque durante los otros meses, de noviembre a marzo, llegan menos peregrinos a Santiago, pero todos los días asisten peregrinos a la Plaza del Obradoiro, de la Gran Catedral de Santiago de Compostela.

El flujo de peregrinos es constante año tras año; sin embargo, la muchedumbre que llega a Santiago de Compostela en el año Santo Jacobeo se multiplica.

Se conoce como año Jacobeo a los Años Santos Compostelanos. Estos años santos ocurren cada 25 de julio, que se celebra el festival de Santiago, cuando caen en domingo. Esto ocurre únicamente 14 veces cada siglo. Por ser año Jacobeo y celebrarse el festival de Santiago, la iglesia abre sus puertas y tiene la potestad de ofrecer indulgencia absoluta a sus creyentes. De esta forma el creyente queda absuelto de todos sus pecados. Las personas que buscan la indulgencia deben cumplir con algunas condiciones como: visitar la Catedral de Santiago de Compostela, pedir por las intenciones del Papa, recibir los sacramentos de la Reconciliación y de la Eucaristía, es decir, confesar y comulgar quince días antes o después de la visita a la Catedral.

El creyente que busca la indulgencia no tiene que llegar a Santiago de Compostela caminando. Durante los días jacobeos llegan a Santiago de Compostela miles de personas por aire, en trenes, autobuses, automóviles, a caballo, en bicicletas y caminando. La estadía en Santiago de Compostela es muy difícil durante el año jacobeo. Debido al gran número de personas que ocupan la ciudad de Santiago, durante el año jacobeo, las facilidades para pernoctar y los servicios a los allegados a la ciudad se dificultan.

Los peregrinos que llegan a Santiago el resto del tiempo, cuando no es año jacobeo, fijan sus metas para llegar a Santiago por diferentes motivos. Para muchos la meta no es lo más importante. Muchas veces la peregrinación en El Camino cobra más relevancia que llegar a la meta.

Las razones para hacer la peregrinación a Santiago de Compostela son muchas y variadas y no únicamente de índole religioso. Muchos llegan por razones históricas, otros quieren llegar a encontrarse a sí mismos, algunos buscan paz espiritual o mejorar su físico; un número de ellos buscan la armonía con la naturaleza, mientras otros van simplemente por curiosidad. Sea cual sea la razón para esta peregrinación, lo cierto es que, el caminante queda atrapado por los encantos del Camino y una gran mayoría de ellos alega que el Camino cambió sus vidas.

Esta peregrinación es muy antigua y es mencionada en el *Códice Calixtino,* el cual es un manuscrito que consta de cinco libros. El último de ellos es una guía para el peregrino, donde se describe la ruta a Santiago desde tiempos inmemorables y da consejos al viajero en diferentes áreas. Entre las orientaciones al peregrino mencionadas en el quinto libro del códice, se encuentran advertencias de peligros en el Camino y santuarios para pernoctar mientras el peregrino se recupera de la larga jornada. Asimismo, muchos de los pueblos por los que pasa el Camino son mencionados en esta primera guía del Camino.

Se dice que el primer peregrino en hacer el Camino de Santiago fue Alfonso II, Rey de Asturias. En el año 813 cuando se descubrió la tumba del Apóstol Santiago, el Rey quiso llegar hasta su sepulcro para comprobar la noticia y rendirle culto al Apóstol.

Fue así como ese año Alfonso II comenzó su camino en Oviedo e inauguró el Camino Primitivo. Además de originar este primer camino, el Rey mandó a construir una basílica, la cual sienta las bases para el nacimiento de la Gran Catedral de Santiago de Compostela. El Rey Alfonso II, al inaugurar el Camino de Santiago de Compostela, de paso también inicia esta peregrinación milenaria. Muchos caminantes, seducidos por los beneficios del peregrinaje, terminan regresando al Camino una y otra vez... yo fui una de esas víctimas.

Capítulo II: Despedida y Regreso al Camino

Mi primera experiencia en el Camino de Santiago de Compostela fue en la primavera del año 2015. Ese año tuve la dicha de poder hacer la ruta del Camino Portugués desde Tui, España, hasta Santiago de Compostela. Esta bonita experiencia me abrió la puerta para entrar por primera vez al Camino y poder experimentar, meditar y disfrutar una gloriosa aventura.

La decisión de hacer el Camino por primera vez surgió después de haber estado mucho tiempo buscando respuestas a interrogantes que había en mi vida en esos momentos. Después de mucho pensarlo e informarme decidí que, aunque era ajeno para mí, el Camino de Santiago de Compostela daría las respuestas a mis incógnitas. Como todo lo desconocido, el Camino me daba un poco de miedo, pero yo estaba decidido a ir y encontrar mis respuestas. En realidad, el miedo no era un obstáculo para lograr mi objetivo ya que yo sabía que la forma más fácil de contrarrestar la desconfianza es la preparación. Tuve que trabajar muy duro para prepararme física y mentalmente, pero al final el arduo trabajo había dado fruto y me sentía capacitado para lanzarme al reto.

Completar ese primer camino fue mucho más fácil de lo que pensaba. Pude terminar el recorrido de 118 kilómetros, desde Tui hasta Santiago de Compostela, en 6 etapas. Las experiencias de cada etapa fueron algo maravilloso e inolvidable. Los parajes a través del camino parecían sacados de las pinturas del paisajista francés Camille; la camaradería y el intercambio con peregrinos que provenían de diferentes partes del mundo eran fuentes de información que ofrecían asesoría en áreas relacionadas a cultura, política, historia, artes, al igual que en otros temas. Además, la oportunidad para meditar y reflexionar ofrecía una ventana a los sentidos que daban rienda suelta a emociones de todo tipo.

Al final no logré mi objetivo de encontrar respuestas a mis interrogantes. Sin embargo, el Camino abrió mis horizontes donde podía ver oportunidades hasta entonces ocultas para mí. Lo otro que el Camino logró hacer fue convertirme en su prisionero. Después de este primer encuentro, con el Camino Portugués, las cosas ya no eran lo mismo y sentía que debía seguir descubriendo caminos. Después de regresar a casa me dediqué a estudiar más a fondo el Camino de Santiago de Compostela. Mientras más conocía sobre el Camino más crecía la efervescencia por éste. En mis estudios del Camino descubrí el Camino Francés y fijé mis ojos en este trayecto. Días más tarde, había tomado la decisión de que El Camino Francés sería el escenario de mi próxima aventura. Lo próximo sería planificar la peregrinación para poder realizar mi segundo viaje.

Según mis cálculos, y tomando en consideración los consejos de algunas guías del Camino, el recorrido de unos 900 kilómetros desde Saint Jean Pied De Port en Francia hasta Santiago de Compostela en España, para luego continuar el Camino hasta Finisterre en Costa da Morte, en la provincia de A Coruña, me tomaría alrededor de 35 días. Durante ese mes estaría cruzando de este a oeste por siete provincias de la península ibérica. Después de ascender y atravesar los Pirineos cruzaría las provincias de Navarra, La Rioja, Burgos, Palencia, León, y Lugo para finalmente llegar a la provincia de A Coruña, última de las siete provincias por donde pasa el Camino Francés.

Tomando en consideración el clima y los meses de vacaciones, cuando el Camino suele ser más masificado, fijé la fecha para el mes de abril. Sabía que para ese mes el clima es muy agradable al norte de España y el grueso de las personas que hacen el Camino durante sus vacaciones no "invaden" los caminos hasta principios de junio. De manera que, hice una reservación ida y vuelta en una línea aérea con destino a España, desde el 16 de abril del 2016, hasta el 29 de mayo del mismo año. Tiempo suficiente para hacer el recorrido en su totalidad, en una época sin mucho frío o calor y con un mínimo de peregrinos en el camino.

Se suponía que mi aventura comenzaría el 17 de abril con mí llegada a España, sin embargo, aquel largo viaje comenzó unos días antes con la inesperada llegada a mi vida de una amiga. El 14 de abril, en medio de una planificación para mi viaje, en una tienda por departamentos me encontré con Gisselle, una conocida a quien no había visto por muchos años. Me dio mucho gusto verla de nuevo y la invité a un café. Hablamos por largo rato y le conté sobre mi viaje. Por una de esas casualidades de la vida ella también viajaba durante el mes de septiembre, con unas amigas, para hacer el recorrido en uno de los caminos de Santiago de Compostela. Después de tomarnos el café nos despedimos y yo regresé a mi casa para continuar con mis planes. Esa noche, Gisselle me llamó para continuar la conversación que habíamos comenzado durante el día. Conversamos por largo rato y en medio de la plática acordamos que, al día siguiente 15 de abril, como ambos teníamos el día libre podríamos celebrar mi viaje y el suyo.

Temprano al día siguiente llegué hasta Dorado, un pequeño pueblo al norte de mí islita, para recoger a mi amiga en su casa. Después de saludarnos efusivamente nos dirigimos a la montaña en el centro de la isla para hacer varios recorridos de pequeños comercios, o "chinchorros" y comenzar nuestra celebración. Nos trasladamos de un chinchorro a otro mientras degustábamos de las delicias típicas que se encuentran en la montaña, las cuales son preparadas con mucho cariño para satisfacer al más exigente paladar. Aprovechamos también, para hacer un recorrido y visitar sitios históricos y típicos que adornan la campiña puertorriqueña. Todo esto mientras disfrutábamos de una que otra de esas bebidas caseras que hacen famosos a muchos de nuestros campos de la montaña y dan vida y color a nuestro folklore. De más está decir que la celebración estuvo espectacular y daba más significado a mi viaje. Gisselle y yo nos envolvimos disfrutando de mi despedida y cuando nos percatamos de la hora ya era muy tarde en la noche y estábamos muy lejos de casa. A esa hora era muy arriesgado manejar en la oscuridad para regresar a casa y optamos por pernoctar en la montaña.

Si se pregunta a cualquier peregrino donde empieza el Camino de Santiago de Compostela, la respuesta casi siempre será que "en casa." Mi recorrido por el Camino de Santiago de Compostela comenzó con la celebración que tuve junto a mi amiga Gisselle en casa (mi tierra). Temprano al día siguiente bajamos de la montaña para retomar nuestras vidas. Yo tenía un viaje temprano esa noche y Gisselle continuaba con su rutina, la cual fue brevemente interrumpida para dar paso a un capricho de la vida.

Esa noche, cansado y con mi mente llena de toda clase de pensamientos, abordé el avión para hacer mi largo viaje. Desde la nave llamé a Gisselle para darle las gracias por su despedida y su amistad. No pude notar asombro en el tono de su voz por mi llamada, como si la estuviera esperando. Platicamos brevemente y le aseguré comunicarme con ella siempre que tuviera la oportunidad. Las ocho horas que me tomaría llegar a Madrid prometían hacer de aquel viaje uno muy alocado e interesante además del agravante que a mí se me hace sumamente difícil dormir en un avión.

Para el 17 de abril a las once y treinta de la mañana me encontraba en el aeropuerto Barajas de España. Mochila en mano me dirigí al Terminal 4 para abordar el metro y en pocos minutos llegar a la estación de trenes Chamartín. Ya sentado, cómodo, en uno de los asientos de la estación de trenes fui sorprendido por una llamada de Gisselle. Quería saber si había llegado bien y que tal me fue en el viaje. Le conté todos los por menores de mi travesía y luego hablamos por mucho rato sobre las expectativas de este viaje. Gisselle estaba muy interesada porque, al igual que yo, ella también viviría aquella grata aventura en un futuro no muy lejano.

Las cinco horas que tuve que esperar en la estación de trenes para poder abordar el tren Renfe AVE de las cinco y treinta de la tarde y hacer el recorrido de 193 kilómetros para llegar a Pamplona se me hicieron interminables. Sin embargo, el recorrido de cuatro horas con treinta y ocho minutos que tardó el tren para llegar a Pamplona fue muy placentero y pude relajarme y descansar por un par de horas.

Al llegar a la estación de Pamplona tuve la dicha de encontrarme con un peregrino andaluz que se dirigía a Roncesvalles y pudimos compartir los gastos de un taxi. El vehículo partió de la estación de trenes en dirección a los Pirineos para dejar al pasajero andaluz primero y luego seguir su viaje hasta llegar a mi destino en Saint Jean Pied de Port.

La emoción que sentí cuando cruzábamos los Pirineos fue increíble. Aunque estaba agotado por el largo viaje y una noche sin dormir, el cansancio desapareció como por arte de magia cuando aparecieron aquellas imponentes montañas, las cuales sabía que en un par de días tenía la obligación de domar. Me imaginaba el esfuerzo que tendría que hacer para subir aquellas monumentales pendientes; o tal vez lo podría hacer con la misma suavidad y dominio como lo hacía el vehículo en el cual viajaba. Al parecer la ansiedad por comenzar mi recorrido se apoderaba de mí y tenía pensamientos incoherentes. Debo confesar que sentí un poco de miedo y me preguntaba si estaba lo suficientemente preparado como para enfrentar semejante proeza.

Distraído en mis pensamientos y casi sin darme cuenta, llegamos al lindo y pintoresco pueblito de Saint Jean Pied de Port. El taxi se detuvo en frente de un pequeño hostal donde yo había hecho una reservación por esa primera noche. Después de agradecerle al taxista por sus servicios y pagarle la cantidad de 30 euros, que era el costo de mí parte después de dividir la tarifa con el peregrino andaluz, subí las escaleras que me conducían al pequeño mostrador de servicios para proceder con el protocolo de registrarme en el hospedaje. Fue entonces cuando sentí que el cansancio me abatía y mi inquieta mente ya no respondía o lo hacía muy lentamente y sin ninguna ambición. Después de terminar con el proceso de registrarme subí al segundo piso para ir directamente a la cama, olvidándome que aún no había cenado.

Dormí muy bien y me desperté temprano para ir a recorrer el pintoresco pueblo francés. Después de un merecido desayuno me dirigí a la oficina del peregrino para comenzar a empaparme de información sobre el Camino que estaba a punto de recorrer. Una vez armado con toda la información necesaria para comenzar mi viaje, pedí en la oficina que me aseguraran mi mochila para ir a recorrer aquella pequeña, pero hermosa, ciudad. Después de visitar la Iglesia de Notre Dame, Casa Larrabure, Casa Arcanzola, y otros lugares cercanos al albergue municipal de Saint Jean Pied de Port, decidí ir a comer algo al Café Ttipia.

Saint Jean Pied de Port es una ciudad muy encantadora; sin embargo, la comida como en casi todo el resto del país es muy cara, cuando se compara con España. En el Ttipia, por un *poulet fermier roti*, o pollo de granja asado, terminé pagando la escandalosa cantidad de 26 euros, esto sin contar la copa de *Beaujolais* por un costo de otros 6 euros. En otras palabras, terminé gastando todo mi presupuesto de 35 euros por día en una sola comida. Pero me quedaba el consuelo de que aquello iba a cambiar el próximo día después de cruzar los Pirineos y llegar a España.

Luego de aquella suculenta, pero costosa comida, me dirigí a la oficina del peregrino a recoger mi mochila para ir al albergue a registrarme para el próximo día comenzar mi caminata de 900 kilómetros por los próximos 35 días. Llegué al albergue de peregrinos alrededor de las tres de la tarde y estaba vacío, excepto por Adams, un norteamericano quien se parecía mucho al actor Bruce Willis. Después de registrarme con el hospitalero y sellar mi credencial pasé a dejar mi mochila cerca de mi litera y tomar una ducha. Luego, dejé lista mi cama para salir a dar una última vuelta por la pequeña y pintoresca ciudad que sirve de base a los Pirineos. En la salida del albergue me encontré con "Bruce Willis" quien me acompaño en aquel último recorrido por *"la belle ville."*

Por las calles se comenzaban a ver peregrinos quienes recién llegaban a Saint Jean Pied de Port para buscar alojamiento y al próximo día formar parte de lo que se conocería como "La Ola del 19". Y es que cada día que salen peregrinos hacia Santiago de Compostela en bandos se conocen como olas. De manera que La Ola del 18 de abril ya iba en camino mientras que La Ola del 19 de abril saldría el próximo día, y así sucesivamente.

Cuando pasábamos, "Willis" y yo saludábamos a los peregrinos, pero noté que había miradas fijas en nosotros. Aunque aquellas miradas me parecieron algo extraño yo no le presté mayor atención. Después de nuestro último recorrido por la ciudad me fui con "Willis" al Café des Pyrénées a tomar una bebida caliente para luego regresar al albergue a descansar. En el bar, junto a una mesa cerca de nosotros, había tres peregrinos que insistentemente miraban en nuestra dirección. Después de unos minutos, uno de ellos se levantó y vino a nuestra mesa con una mirada de curiosidad. Nos dijo que en Saint Jean Pied de Port se había regado el rumor de que Bruce Willis y Morgan

Freeman planeaban hacer el Camino Francés juntos. El peregrino quería saber si nosotros éramos los famosos actores. Le dijimos que no éramos nosotros, pero al parecer no lo creyó y el rumor y las miradas persistieron por dos o tres días más. Eventualmente el interés en nosotros desapareció y al parecer algunos se convencieron de que nosotros no éramos famosos viajando de incógnito. Lo bueno de aquel mal entendido fue que sentó las bases para comenzar a cultivar nuevos amigos.

Al terminar el café y la sobremesa nos dirigimos al albergue a descansar. El próximo día yo estaría en La Ola del 19 y no sabía que esperar en el recorrido. Pero si sabía que era una larga jornada cruzando los Pirineos de Saint Jean Pied de Port hasta llegar a Roncesvalles. Los 26 kilómetros que separaban a Saint Jean Pied de Port en Francia, por agresivas montañas, hasta llegar a Roncesvalles era mi primera prueba de fuego. Por suerte en el albergue, esa noche conocí a Jaime, un veterano de muchas luchas cruzando los Pirineos. Este ángel apareció en el camino y sería mi compañero en aquella primer y difícil jornada.

Capítulo III: La Escalada

Con la ansiedad que tenía por comenzar aquella aventura conciliar el sueño fue una tarea difícil y me costó casi toda una noche dominar el insomnio. Al final creo que pude dormir un par de horas, las cuales no estaba muy seguro me darían la fuerza necesaria para apaciguar el huracán que se acercaba. Pero estaba seguro de que el interés que sentía por conquistar aquellos mundos al final prevalecería sobre cualquier adversidad.

Aunque dormí poco me levanté muy temprano y comencé los preparativos para salir a caminar tempranito en la mañana. Algunos de los peregrinos que pernoctaron en el albergue ya habían salido a caminar o hacían preparativos para comenzar la ruta que los llevaría a cruzar los Pirineos para llegar a Roncesvalles en España. Notables en este grupo de madrugadores eran los alemanes, quienes por costumbre son muy organizados y puntuales. Dos coreanos que durmieron en el albergue también habían emprendido el viaje rumbo a Santiago de Compostela. Evan, un peregrino quien caminaba solo y se proponía hacer el recorrido hasta Santiago de Compostela en 20 o 25 días, había salido muy temprano en la mañana.

Al final, en el albergue solo quedamos Jaime, Bruce Willis y yo. Ambos Willis y Jaime roncaban profundamente mientras yo, impaciente, daba vueltas por el albergue listo esperando por Jaime para que me acompañara en aquella primera misión. Pero Jaime probó ser un peregrino, calmado, cauteloso, y calculador, quien en más de una ocasión con su "dejadez" puso a prueba mi paz interior. Al parecer este peregrino venia de la escuela del Dalai Lama. Al final mi amigo peregrino se levantó y comenzó a moverse metódicamente, con la prisa que tienen los que van a enfrentar su ejecución.

Para conservar mi paz, mientras esperaba por Jaime, decidí llamar a Gisselle. Aunque era muy tarde en la noche en Puerto Rico, tal vez aún estaba despierta. Efectivamente, todavía no se había retirado a dormir y le dio mucha alegría el escucharme. Me disculpé por llamar tan tarde, pero le dije que quería que supiera que ya estaba próximo a comenzar la jornada del día. Platicamos un poco y escuché que mi amigo peregrino comenzaba a soplarse la nariz y a aclarar su garganta en señal de que ya estaba listo para partir.

Di los buenos días a mi compañero mientras dábamos los toques finales para salir del albergue asegurándonos de no olvidarnos de nada. Lo escuché contar hasta cinco mientras tocaba diferentes partes de su cuerpo y le pregunté por qué lo hacía. Aquí fue que recibí la primera lección del Camino. Me explicó que daba un número a las cosas que para él eran las más importantes y no quería olvidar. Cuando mencionaba el número uno tocaba su bolsillo izquierdo delantero y ahí debía estar su cartera, si mencionaba el dos mientras se tocaba un bolsito que llevaba interno quería estar seguro de que su pasaporte, credencial del peregrino, dos tarjetas de crédito con algo en efectivo que llevaba para una emergencia estaban seguros; así sucesivamente seguía contando y tocando hasta llegar a su última prenda indispensable... su bordón. Mi amigo me sugirió que identificara lo que para mí era esencial para el Camino y le asignara un número para que cada mañana antes de salir cotejara que tenía lo que era más imprescindible para la faena del día. "Estas cosas importantes", me dijo, "son lo único que necesitas para sobrevivir, aprender y disfrutar el Camino el cual, si mantienes los ojos abiertos, tendrá una lección para ti en cada esquina". Nunca olvidé su consejo.

Cuando estuvimos listos para comenzar esta importante primera etapa salimos a la calle y nos encontramos con un día maravilloso. Atrás quedó Willis dueño y señor del albergue y su mundo. La temperatura era de unos 18ºC y el sol estaba brillante. Al parecer el universo se había confabulado para darnos la bienvenida y ayudarnos a cruzar las famosas montañas. Pero no había que fiarse, los Pirineos son traicioneros y el tiempo en la sierra suele cambiar en cuestión de minutos sin previo aviso.

Después de caminar un par de cuadras nos tropezamos con el primer café, donde decidimos entrar y comer algo de desayuno. Allí, también, nos encontramos con los primeros peregrinos, quienes habían pernoctado en otros lugares y junto a nosotros formarían La Ola del 19. Después de bajarnos las mochilas y ponernos cómodos en una mesa cerca al bar, procedimos a pedir el desayuno. Jaime se conformó con unas tostadas, café y jugo de naranja. Yo quería tener las energías necesarias para la subida al Pirineo y opté por una tortilla, tostadas, jugo de naranja, café y una napolitana. Pensé que debía almacenar todas las energías que pudiera para la gran escalada.

Después de desayunar salimos a la calle de nuevo para continuar con nuestra marcha hacia el albergue de Orisson que sería nuestra primera parada. En la calle nos encontramos más peregrinos quienes se unieron a nosotros y caminamos juntos durante los primeros treinta a cuarenta y cinco minutos. Después de un tiempo caminando como grupo, algunos peregrinos siguieron adelante mientras otros quedaron atrás. Aquí fue que descubrí que el paso de Jaime era más lento que el mío y esto podría traer dificultades más adelante. Es difícil encontrar a una persona que tenga un paso que sea similar al de uno y esto causa estrés al caminar. Por eso es preferible caminar solo y al paso que nos sintamos más cómodos. Pero por lo menos en esta primera etapa decidí acoplarme al paso de mi amigo, más adelante cada cual ajustaría su paso y disfrutaríamos el camino a su propio ritmo y desde su propia perspectiva.

En poco tiempo nos adentrábamos al área rural y atrás quedaba la radiante, bella, y majestuosa ciudad de Saint Jean Pied de Port. El camino se tornaba cada vez más verde mientras nuestros cuerpos iban calentándose y amoldándose al nuevo entorno. Las nubes blancas se empeñaban en darle color a un cielo azul y abrasador, mientras los pájaros del bosque salían a darnos la bienvenida con sus canticos candorosos. Sin embargo, no todo era dulzura en el camino; acompañada a toda esta belleza de la campiña francesa, también aparecían las pequeñas escaladas, la cuales se tornaban más pronunciadas a medida que avanzábamos por el camino.

Yo estaba tan embelesado con la belleza del paisaje que apenas noté que ya habíamos caminado unas dos horas y nos acercábamos a nuestra primera parada... el albergue Orisson. Me resultó increíble con la facilidad que habíamos ascendido alrededor de 630 metros. Supongo que la temperatura tan agradable y hermosos parajes contribuyeron a "acortar" esta fase de la primera etapa.

Nos detuvimos en el bar del albergue y ocupamos una mesa al aire libre, para tomar un café, frente al majestuoso paisaje a una altura de 795 metros sobre el nivel del mar. El lugar estaba lleno de peregrinos y cada vez llegaban más procedentes de Saint Jean Pied de Port, mientras otros ya retomaban el camino en dirección a Roncesvalles. Algunas de las caras que se movían por los alrededores del hostal nos eran conocidas.

Aunque ya habíamos entrado en calor por la caminata de dos horas, con la parada de una media hora y la altura en que nos encontrábamos, comenzamos a sentir algo de frío y acordamos continuar el camino. Cuando estábamos listos para salir apareció Bruce Willis y quiso que lo acompañáramos a tomar otro café. No era una buena idea, pero quizás esta sería la última vez que veríamos a nuestro amigo. Willis no se había preparado para hacer este camino y había decidido hacerlo por tramos cortos. De manera que había fijado pernoctar en Orisson, aunque solo había caminado unos ocho kilómetros. Muchos peregrinos optan por alojarse en Orisson porque la idea de amanecer en los Pirineos es seductora. Creo que Willis era uno de estos románticos peregrinos.

Para complacer a nuestro amigo accedimos a su petición y tomamos la decisión de hacerle compañía, por unos diez o quince minutos, mientras tomábamos algo para el frío que ya retomaba nuestros cuerpos. Ambos, Jaime y yo, optamos por tomar coñac mientras que nuestro amigo peregrino prefirió un café. Mientras estábamos enfrascados en una conversación se acercó una peregrina a pedirle a Willis su autógrafo. Era evidente que la idea de que Bruce Willis y Morgan Freeman andaban de incognitos haciendo el Camino de Santiago de Compostela, todavía, rondaba por aquellos lares. Convencimos a la peregrina de que nos había confundido con personajes famosos, pero nosotros éramos simples peregrinos. Habiendo terminado nuestras bebidas quisimos continuar nuestra jornada y nos despedimos de nuestro amigo. Solo conocimos a Willis por poco tiempo, pero, aun así, la despedida fue algo triste.

Al retomar la ruta en dirección a Roncesvalles el camino se tornaba cada vez más empinado. Sin embargo, gran parte de esta senda era en forma serpenteante, lo cual hacia menos difícil la escalada. El paraje a cada lado del camino también ayudaba a que este fuera más llevadero. La gran variedad de montañas con diferentes tonos de verdes, algunas con topes blancos de nieve, daban al caminante tranquilidad y una sensación de paz increíble. Las nubes blancas desaparecieron y el cielo azul contribuía a que el panorama dejara ver sus encantos.

Después de dos horas subiendo por aquellas hermosas montañas, cuando ya nos encontrábamos en la jurisdicción de España, paramos para descansar e hidratarnos. El sol estaba en todo su apogeo y a pesar de la altura, la temperatura había calentado bastante. Luego del pequeño descanso continuamos el ascenso hasta llegar a la cima de la montaña. Era un día perfecto y desde la cumbre se podía apreciar por varios kilómetros la hermosura de aquel valle magistral. No pudimos resistir la tentación y decidimos buscar un lugar donde sentarnos a admirar aquel conjunto de montañas, cuidadosamente puestas allí por una mano divina. Bajamos nuestras mochilas y nos quitamos las botas y ropas pesadas para aprovechar el sol, mientras disfrutábamos de un clima agradable. Cuando estuvimos cómodos tirados en la yerba fresca aprovechamos para comer un almuerzo ligero de pan y queso acompañado con un poco de vino de Navarra.

Estuvimos en aquella montaña por largo rato; era difícil abandonar aquel edén. Pero Jaime creyó que iba a llover y sugirió continuar la marcha. En veinte minutos comenzó a lloviznar y nos detuvimos para cubrir las mochilas y ponernos los chubasqueros.

Es increíble lo rápido que puede cambiar el tiempo en los Pirineos. Cuando alcanzamos el tope de la montaña, a 1430 metros de altura, había una temperatura de unos 21°C y el sol resplandecía en el horizonte. En cuestión de minutos se tornó borrascoso y frío. De la nada, el cielo se volvió gris y comenzó a llover copiosamente. El viento frío y de gran intensidad también, era parte de aquella ventisca. Minutos más tarde comenzó una granizada impresionante de la cual no pudimos escapar por no tener refugio alguno. La visibilidad era casi cero o ninguna. El fuerte viento nos empujaba de un lado del camino para el otro y los chubasqueros, como velas de barco bajo una tormenta, volaban alocadamente. El agua helada nos atacaba desde todos los ángulos y corría libremente por toda nuestra piel. El frío era mortal, pero no importaban las condiciones, teníamos que seguir adelante y no podíamos darnos el lujo de extraviarnos en la ruta hacia Roncesvalles.

A duras penas y casi sin poder dar un paso pudimos llegar hasta el camino pedregoso donde comenzaba la bajada que nos llevaría a nuestro destino final de esta primera etapa. Oscuro, con vientos de galerna, lloviendo copiosamente, temperaturas al punto de congelación, en un camino estrecho con piedras sueltas, comenzamos el doloroso descenso para llegar a Roncesvalles.

Aunque malamente castigados por aquel temporal que había llegado de la nada y sin avisar, de alguna manera pudimos llegar a nuestro destino en Roncesvalles. El mal tiempo no nos permitía identificar las señales del camino, pero como El Albergue de Peregrinos de la Real Colegiata de Roncesvalles está en un edificio enorme y es un punto ícono, como un rayo de luz, apareció enfrente de nosotros.

Entramos en el formidable edificio y buscamos donde registrarnos y sellar nuestras credenciales de peregrinos, para luego ducharnos y salir a comer un bocado. Aunque el edificio es enorme y puede acomodar hasta 183 peregrinos la ocupación casi llegaba al máximo. A mí me tocó una cama en la planta baja donde el baño más cercano estaba afuera del edificio. Tuve que guerrear con el frío y las inclemencias del tiempo para ducharme y hacer mis necesidades. Pero estuve muy agradecido de mi buena fortuna y encontrar protección de aquel clima inhóspito.

Después de una rica ducha y dejar nuestras camas preparadas Jaime y yo salimos a comer algo para luego regresar a descansar. Era tarde y no quedaba tiempo para más. Por ser muy tarde no había mucho para escoger donde comer. Fuimos al bar de un pequeño hotel a matar el hambre, pero el servicio de alimentos era para huéspedes únicamente. Batallamos con el camarero hasta convencerlo de que nos sirviera unos bocadillos y unas cervezas.

Cuando estuve más relajado miré mi teléfono y tenía tres mensajes. Uno de ellos era de Gisselle que quería saber cómo fue mi primera etapa. Le envié un mensaje diciéndole que había llegado bien, pero no di detalles de mi odisea. Cuando tuviera más tiempo le contaría como fue esta primera "pequeña" subida. Me relajé sabiendo que los Pirineos habían quedado atrás y a pesar de las vicisitudes y de las inclemencias del tiempo logré conquistar la montaña y eso me daba más confianza. Ahora tocaba descansar y prepararme para la próxima tarea... la etapa a Zubiri.

AVENTURAS POR EL CAMINO

Capítulo IV: Desde Roncesvalles a Puente la Reina

Al día siguiente me levanté temprano en la mañana para comenzar la nueva etapa de unos 22 kilómetros que me llevaría a Zubiri. Cuando salí para ir al baño me percaté que, aunque estaba algo nublado y hacía mucho frío, el mal tiempo había pasado. La ventisca que el día antes apareció de la nada desapareció como ladrón en la noche. Para mi sorpresa cuando regresé del baño, para continuar organizando mi mochila, vi que Jaime ya se había levantado. Mi amigo se movía con una lentitud menor a la de un koala, pero el estar de pie tan temprano ya era un adelanto.

Después de prepararme para comenzar la faena del día pasé al vestíbulo a esperar que Jaime terminara para salir juntos al camino. Mientras esperaba por él revisé mis mensajes y encontré uno de Gisselle dándome las gracias por unas fotos del camino que le había enviado y deseándome suerte en la etapa de hoy. Le contesté indicándole que, hasta el momento, había hecho algo de mal tiempo, pero me movía sin atrasos y a la par con mi itinerario.

Más tarde salí con mi amigo peregrino a la calle a buscar un café donde desayunar para luego retomar nuestro camino. Encontramos uno a varias cuadras del albergue y vimos que el café estaba repleto de alborotosos peregrinos, que al parecer se habían reunido allí para desayunar y celebrar que el mal tiempo había pasado. Después de desayunar y despedirnos de los caminantes que quedaron en el café, algunos de los cuales ya íbamos asociando nombres y rostros, salimos a la calle rumbo a Zubiri.

La etapa de hoy, comparada con la del día anterior, no presentaba mayor desafío. Los "retos" mayores eran dos bajadas, una en medio de la etapa y otra al final. Después de pasar Espinal y ascender por 2 kilómetros había que descender un desnivel de casi 100 metros hasta Bizkarreta. Luego teníamos que avanzar unos cinco kilómetros para llegar al alto de Mezkiritz y comenzar a descender de nuevo por unos cinco o seis kilómetros hasta alcanzar Zubiri a unos 525 metros sobre el nivel del mar. En toda la etapa desde Roncesvalles teníamos que descender un total de 420 metros, pero el descenso, con excepción del final, era gradual.

Por la lluvia de la noche antes el camino, desde Roncesvalles a Zubiri, estaba enlodazado y había que caminar con mucha precaución. Con especial cuidado, por el fango en el camino, fue el bosque Sorginaritzaga (Robledal de las Brujas). Las pisadas de animales y peregrinos, junto a residuos de animales, contribuían al mal estado del camino. Las botas diseñadas para estos senderos fueron de gran ventaja y muy apreciadas.

En esta tercera etapa del camino no paramos hasta llegar a Biskarreta a la mitad de la etapa. Aquí aprovechamos para comer algo ligero y recargar baterías. había amenaza de lluvia cuando salíamos de Biskarreta y tuvimos que ponernos los chubasqueros, así estuvo durante los próximos diez kilómetros. Pero al final todo quedó en una simple amenaza.

Al llegar a Zubiri, al filo de la una de la tarde, entramos en un café para reposar y celebrar nuestra llegada a la localidad antes de pasar por el hospedaje. Después de beber una cerveza y tomar un reposo de 15 minutos continuamos el corto camino hasta llegar al hostal, para así completar nuestra jornada del día. Optamos por pernoctar en un albergue privado un poco costoso, pero nos parecía agradable y muy accesible a cafes y restaurantes. Aunque el Albergue Segunda Etapa tenía un costo de 13 euros, la comodidad que este ofrecía hacia meritoria la cantidad a pagar.

Luego de registrarnos, lavar ropa y ducharnos descansamos un poco para después hacer un recorrido por la localidad y más tarde cenar. Después de una siesta de media hora salimos a conocer el vecindario. Encontramos un restaurante pequeño y acogedor cerca al albergue que abrió su cocina a las ocho y media de la noche. El plato combinado tenía un costo de 8 euros y la comida, que consistía en filete, papas fritas y huevo, estuvo muy sabrosa.

Temprano, a eso de las nueve y treinta de la noche, regresamos al alojamiento ya que no queríamos quedarnos fuera del albergue, el cual cerraba sus puertas a las diez de la noche. De regreso a la morada aproveché por 15 minutos, antes de que apagaran la luz, para chatear con Gisselle y contarle sobre la odisea de los Pirineos. Aunque algo asustada por mis vivencias, al final de la conversación estuvo de acuerdo conmigo de que el Camino es seguro y cosas como estas son parte de esa experiencia. Se despidió enviándome vibras positivas y dejándome saber que estaba en sus oraciones. Gisselle, aunque no caminaba conmigo, me dejaba sentir su presencia en el Camino.

A las diez de la noche el hospitalero apagó la luz dándonos la señal de que era hora de descansar. A esa hora se paralizaron las actividades en el albergue y todo quedó a oscuras y en silencio (excepto por los múltiples ronquidos). La etapa del próximo día tampoco tenía mayores retos, al menos nada comparado con la subida de los Pirineos, pero de todos modos necesitábamos descansar lo necesario para mantenernos fuertes y saludables.

En la mañana, mientras esperaba que mi amigo completara su ritual mañanero, me senté a revisar mis mensajes y apareció un recado en la pantalla de mi teléfono de Gisselle. Era la una de la mañana en Puerto Rico y como no podía dormir decidió enviarme un mensaje pare ver si ya había salido a caminar. Intercambiamos un par de mensajes antes de que Jaime terminara y cuando escuché que mi compañero peregrino se soplaba la nariz y rascaba su garganta terminé de chatear con Gisselle, para ir a desayunar. Además de Jaime y yo, quedaban solamente dos peregrinos en el albergue. Los demás habían desayunado temprano y ya habían salido a caminar. Tratando de ver algo positivo de la lentitud con que se movía mi amigo y mantener mi paz, me alegré mucho cuando pasamos al comedor y vi que estaba desierto. Los peregrinos mañaneros habían desayunado temprano y el comedor quedaba vacío para nosotros dos. El espacio en los albergues, casi siempre, es limitado y cuando tenemos el lujo de que un lugar no esté atestado por peregrinos disfrutamos la privacidad de éste. Hoy comenzaba el día con un excelente desayuno molestado, únicamente, por el ruido de los cubiertos y una que otra frase que de vez en cuando cruzaba la mesa.

Cuando dejamos el albergue para comenzar nuestra etapa nos encontramos con una temperatura agradable y un cielo nublado, pero sin lluvia. Al parecer tendríamos buen tiempo para caminar los 21 kilómetros hasta Pamplona. La ruta era bajando casi toda, pero en forma de serrucho.

A escasamente 30 minutos después de haber cruzado el puente de la Rabia, sobre el Río Arga, nos encontramos con los primeros peregrinos. Se notaba el júbilo en los rostros de algunos; tal vez por percibir que la ruta no era una difícil y tampoco larga. Además, al final de esta etapa muchos completábamos las etapas de "entrenamiento". Por lo general, las primeras tres o cuatro etapas del Camino sirven como práctica para lo que sería el resto del camino.

No importa cuanto haya entrenado un peregrino para el Camino, las primeras etapas son de ajuste, adaptación, aprendizaje y de dolor. Durante estas primeras fases el cuerpo comienza a recibir mensajes de un camino nuevo y establece un proceso de aclimatación a algo que, hasta entonces, era diferente y desconocido. Es por eso por lo que, durante este primer reventón, el cuerpo se revela y comienzan a aparecer las "dolamas" asociadas a largos caminos. Ampollas, tendinitis, y otras molestias que se asocian con las caminatas del peregrino. Quizás, de ahí viene el dicho que "sin dolor no hay camino". Después de estas primeras etapas el cuerpo comienza un proceso de ajuste y curación. Como resultado, cuando el peregrino llega a su meta de Santiago de Compostela está más fuerte y saludable, física y mentalmente, que cuando comenzó el Camino.

En esta etapa no tuvimos ninguna dificultad durante los primeros kilómetros del camino. Sin embargo, después de dejar atrás a Akerreta y encontrarnos con la bajada de escalones que da a la orilla del Río Arga, tuvimos que bajar con extrema precaución para evitar un accidente. Por lo precario del terreno, después de los días de lluvia, la bajada estaba sumamente resbaladiza. A pesar de las precauciones tomadas ya casi al terminar las escaleras, Jaime se resbaló y calló de fondillo. Aunque tuvo un leve machucón no hubo nada roto y luego de un breve descanso, para que se recuperara, continuamos la marcha.

Nuestra próxima parada fue en Zuriain, donde aprovechamos para descansar y comer un bocado. El ambiente era festivo en el café y pudimos compartir con algunos peregrinos que al parecer veríamos a menudo durante todo el trayecto; tiempo suficiente para cultivar amistades que perdurarían para siempre. En una ruta larga, como lo es el Camino Francés, el intercambio de ideas, el trato entre peregrinos, y la camaradería entre gente que tiene en común los mismos ideales, hace que de aquí nazcan amistades que marcan nuestras vidas y quedarán presentes en cada uno de nosotros por siempre. Este es uno de los muchos regalos que nos da el camino.

Cuando retomamos el sendero comenzó a lloviznar levemente, pero fue algo pasajero y no valía la pena detenerse para ponernos los chubasqueros. Seguimos así hasta llegar a Villava a solo unos cinco kilómetros de Pamplona. Allí paramos para comprar unos suministros y descansar un poco. En Villava nos encontramos con lo que parecía ser una convención de peregrinos. Y es que muchos peregrinos prefieren pernoctar en este pueblito, a unos cinco kilómetros de Pamplona, para así evitar el bullicio de la gran ciudad. Para otros peregrinos, que caminan etapas cortas, pasar la noche en Villava es más cómodo porque el poblado ofrece muchos servicios y así se evitan el estirón hasta Pamplona.

Jaime y yo de nuevo regresamos al camino para poder completar la jornada del día. En unas dos horas desde que dejamos a Villava ya estábamos en las puertas de la ciudad de Pamplona. Nos dirigimos directamente al Albergue Municipal de Pamplona Jesús y María, ubicado en el casco viejo de la ciudad. El albergue es parte de una iglesia del siglo XVII y es uno de los más bonitos del Camino. El hospedaje cuenta con tres pisos y tiene una cocina acogedora y un comedor muy agradable.

Después de registrarnos subimos al segundo piso, donde se encontraban nuestras literas y allí conocimos a una pareja italiana y un peregrino francés, quienes nos invitaron a una cena comunal. Con mucho gusto aceptamos la invitación y acordamos cual sería nuestra aportación para una cena italiana.

Cuando terminamos con los deberes de fin de etapa, ducharnos, lavar ropa, y arreglar camas, salimos a recorrer algunos lugares de esta bella ciudad. Primero nos dirigimos al Paseo de Hemingway, donde se encuentra el busto de Ernest Hemingway, junto a la Plaza de Toros.

Las huellas de este ilustre escritor, uno de mis favoritos, se encuentran en calles, cafés, avenidas, paseos, y hoteles, por toda esta gran ciudad. El famoso escritor, con notoriedad de bebedor y mujeriego, dedicó parte de su estadía en España a escribir sobre las corridas de toros, una de sus pasiones. En *Muerte en la tarde*, Hemingway escribe sobre estas corridas de toros donde el escritor habla sobre la valentía y el miedo. Por otra parte, es muy bien sabido que Ernest Hemingway es altamente asociado con las fiestas de San Fermín y fue él quien mejor dio a conocer al mundo sobre las populares fiestas. Hasta el día de hoy, estas famosas festividades se conocen como las fiestas de Ernest Hemingway.

Estos espectáculos, de corridas de toros, que comienzan el 6 de julio y duran hasta el 14 de julio, son unas de las más grandes del mundo y el famoso encierro es la estrella de las fiestas. El encierro es cuando los toros, que van a ser toreados, son llevados por varias calles del casco viejo de Pamplona a la Plaza de Toros. Esta correría, que comienza en la cuesta de Santo Domingo terminando en la Plaza de Toros, tiene un recorrido de 875 metros. En la carrera hacia la plaza hay muchos aficionados que corren delante de los toros salvajes y como es de esperarse algunos de los participantes en ocasiones han sido corneados por los animales.

Después de dejar la estatua de Hemingway y visitar lugares íconos de la ciudad, hicimos un recorrido por la Plaza del Castillo y la Plaza Principal de Pamplona, donde compartimos con otros peregrinos. Más tarde, pasamos por un mercado a comprar la parte que nos correspondía para la cena de esa noche.

Franco y Marina consiguieron pequeñas almejas en sus conchas y prepararon unos ricos espaguetis "alle vongole". Adrien tuvo a su cargo la ensalada verde mientras Jaime y yo nos encargamos del pan, vino y tarta gallega que conseguimos en una repostería cerca de la Plaza de Toros. Esa noche comimos como reyes y fueron invitados a la cena dos peregrinos que recién habían llegado de Zubiri. Como es costumbre en estas cenas comunitarias, estuvimos un buen rato discutiendo diferentes temas relacionados a los países de procedencia de cada uno de los presentes y deleitándonos con anécdotas de los peregrinos en una sobremesa que prometía extenderse hasta tarde. Sin embargo, Adrien dijo que estaba cansado y se excusó para retirarse a reposar. Yo también, aproveché la oportunidad y me retiré de la mesa.

Ya era pasado el mediodía en Puerto Rico y quería llamar a Gisselle, quien me había pedido en la mañana cuando estuvimos chateando, que la llamara cuando estuviera en Pamplona. Cuando la llamé se encontraba en un receso del trabajo y logramos hablar por un rato. Me mencionó que quería acompañarme de forma espiritual en mi peregrinación; que se sentía ser mi acompañante invisible en mi recorrido por el Camino. Al parecer nuestra amistad nos acercaba cada día más y la magia del Camino nos seducía. A mí no me molestaba, claro está, que Gisselle fuera mi amparo en el Camino y le di la bienvenida para que fuera mi acompañante en la travesía. Además, estaba casi seguro de que no tendría la compañía de Jaime por mucho tiempo. La amistad que se cultiva en el Camino perdura por toda la vida, pero todos queremos nuestro espacio tarde o temprano. Al menos la compañía de Gisselle estaría ahí todos los días y durante todo el recorrido.

Me despedí de mi amiga para ir a descansar. La etapa del próximo día me llevaba a Puente La Reina y había que recorrer unos 24 kilómetros y como "premio" a esta caminata estaba la subida al Alto del Perdón.

Temprano en la mañana, cuando ya estábamos casi listos para salir a caminar el 22 de abril rumbo a Puente La Reina, tuve que regresar al aposento, porque cuando hice el conteo a la salida del albergue para verificar que tenía todas las cosas esenciales que necesitaría en el camino, me percaté que había olvidado mi teléfono celular. Cuando subí por el teléfono vi que había dejado cargando su batería junto a mi celular. Lo recogí para bajar y dejar el albergue. Pensé que me había venido bien la lección que aprendí de Jaime unos días antes, de asignar un número a las cosas imprescindibles y verificar que las tenía todas antes de dejar el albergue.

Cuando salimos a la calle, la mañana estaba fresca con una temperatura ideal para caminar. Era justo lo que necesitábamos para hacer el recorrido hasta Puente La Reina que, con la excepción del Alto del Perdón, la ruta era relativamente cómoda. Teníamos que ir en un ascenso gradual hasta llegar al Alto del Perdón, o La Loma de los Vientos, como la llaman algunos peregrinos.

Entramos a la Hostería del Temple en la Calle Curia, a unas cuadras del albergue, a desayunar antes de dejar a Pamplona. Mientras desayunábamos, en uno de los canales de televisión mirábamos el reporte del tiempo para el norte de España. Se auguraba buen tiempo para Pamplona y sus alrededores. Por supuesto, eso nos agradó la mañana.

Después de un suculento desayuno le dábamos el último adiós a Pamplona y emprendimos el viaje rumbo a Puente La Reina. Con nosotros salieron del café dos peregrinos oriundos de Alemania y nos acompañaron por una parte del camino. Pamplona era el comienzo del Camino para estos dos peregrinos.

El camino, muy cómodo, trascendía sin novedad y tal como lo prometió el meteorólogo en la televisión la temperatura rondaba en unos 14°C y sol brillante... ideal para caminar. Al llegar a Zariquiegui entramos a un bar a tomar café. Aquí después de quince minutos sellamos las credenciales, usamos las facilidades sanitarias y volvimos a la senda. Nuestros amigos alemanes, sin embargo, habían decidido prolongar su descanso un poco más, y quedaron en el bar.

Más adelante, por el camino, nos detuvimos a tomar fotos de la famosa fuente de Gambellacos. La notoriedad de la fuente se debe a la leyenda conocida como la Reniega (nombre que también dan los lugareños a la fuente). Según la leyenda, fue en este preciso lugar donde el diablo se apareció a ofrecerle agua a un cansado y sediento peregrino. A cambio del agua el peregrino tenía que renegar de Dios, la Virgen, y del Apóstol Santiago. Después del peregrino rechazar tres veces la oferta del diablo, rezó fuertemente, le pidió ayuda al Apóstol y el demonio desapareció dejando un fuerte olor a azufre. En ese momento apareció Santiago y le dio de beber al peregrino de una fuente que milagrosamente apareció en el lugar. Nosotros tomamos fotos junto a la fuente, bebimos agua de aquel conocido manantial del camino y continuamos la marcha.

Después de caminar unos 12 kilómetros, casi a la mitad del camino, comenzamos a subir la loma hacia el *Mirador de La Sierra del Perdón*, a una altura de 760 metros sobre el nivel del mar. Aunque es la subida más pronunciada en todo el trayecto de esta etapa, pudimos subir sin mayores complicaciones. Una vez estuvimos en la cúspide de la montaña esperamos nuestro turno para tomarnos las fotos de rigor frente al *Monumento al Peregrino*. Este famoso monumento, que representa una comitiva de peregrinos de distintas épocas, es una obra hecha en chapa y es un trabajo de Vicente Galbete. El monumento sirvió de escena a la famosa película "The Way" que interpretaron Martín Sheen y su hijo Emilio Estévez.

Después de tomarnos las codiciadas fotos reglamentarias fuimos hasta la cafetería rodante cerca a la escultura para comer algo y descansar antes de retomar nuestro camino. Comimos unos deliciosos bocadillos de *pepito de ternera*, que nos preparó la dueña del "chiringuito" con mucho amor, los cuales acompañamos con unas cervezas locales. Mientras comíamos los bocadillos, doña Luz nos mantuvo entretenidos con anécdotas del Camino y nos hizo varias recomendaciones para que "suavizáramos" nuestro recorrido hasta Santiago.

Quince minutos después de haber consumido los sándwiches, bajo un sol candente y sin ninguna sombra, habíamos comenzado el pecaminoso descenso del camino por el resbaladizo sendero de piedras sueltas. Esta difícil bajada de piedras nos recordó, de nuevo, lo importante que eran las botas diseñadas para estos caminos.

Aunque no habíamos recorrido mucho camino nos detuvimos al llegar a Muruzábal a tomar un refresco y descansar los atropellados pies, resultado de la bajada rocosa después de haber dejado La Loma de los Vientos. Un poco más relajados, después de habernos refrescado y más descansados, salimos del café rumbo a Puente La Reina. El resto del camino transcurrió sin ningún incidente hasta llegar a Puente La Reina poco después de las dos de la tarde.

Capítulo V: Desde Puente La Reina a Sansol

L a llegada a Puente La Reina estuvo marcada por un sol brillante y temperaturas en ascenso. Valía la pena hacer una parada, antes de llegar al albergue, para refrescarnos con una cerveza. Cuando entramos en el bar lo encontramos lleno de peregrinos, quienes al igual que nosotros buscaban refrescarse. En este pequeño, pero bello pueblo converge peregrinos procedentes de Somport, en los Pirineos centrales, con los que llegan de Saint Jean Pied de Port y Roncesvalles. Tal vez por eso Puente La Reina es uno de los puntos más visibles en el Camino Francés, donde los vínculos entre peregrinos comienzan a fortalecerse y las amistades entre extraños empiezan a crecer. Nosotros ya teníamos nuestro grupo de amigos del Camino que comenzamos a conocer y cultivar desde que salimos de Saint Jean Pied de Port. Ahora ese núcleo seguiría creciendo con la llegada de estos nuevos peregrinos y los que llegarían más adelante en el camino.

Hubiese sido lindo habernos quedado en el café y seguir compartiendo la alegría de aquel grupo homogéneo pero variado a la misma vez. Sin embargo, teníamos la misión de llegar al albergue para dar por terminada la llegada de hoy. Además, tendríamos tiempo para compartir y socializarnos con aquel y otros grupos a través del camino.

Alegres por la llegada a la meta y por haber conocido nuevos peregrinos, llegamos al albergue donde nos registramos y pasamos al área del aposento para proceder con la rutina de arribo. Jaime y yo nos turnábamos literas. Un día él dormía en la parte de arriba y yo en la de abajo, al otro día alternábamos. Hoy a mí me tocaba la de arriba, sin embargo, como era temprano y todavía no llegaba el grueso de peregrinos, había suficientes camas disponibles y ambos pudimos asegurar literas en la parte baja.

Más tarde, cuando salimos al patio, el sol todavía estaba brillante ideal para lavar y tender ropa. Aprovechamos las horas de sol para que al terminar de lavar los trapos pudiésemos tender y secarlos antes de retirarnos a descansar. Después de darnos una ducha, Jaime quiso descansar un rato antes de salir a recorrer el vistoso poblado y cenar. El albergue tenía Wi-Fi y yo aproveché para llamar a Giselle, quien me había enviado un mensaje diciéndome que se había levantado temprano para ir a caminar. Aunque faltaba mucho tiempo para su viaje al Camino, quería entrenar todo lo que pudiera. Después de hablar con ella por un rato y contarle sobre la etapa del día y otras anécdotas del Camino, Jaime ya se había levantado y nos fuimos a aventurar y conocer Puente La Reina.

Luego de un recorrido de unas dos horas pensamos que ya era la hora de cenar y llegamos hasta el Restaurante La Plaza para mirar el menú del día. Aunque todo se veía delicioso los dos optamos por el menú del peregrino, que a un costo de 9 euros incluía filete de ternera con patatas y pimientos. El vino de la casa, que se incluía, no era lo mejor, pero iba bien con el filete. Los demás platos a un costo de 15 euros estaban fuera de mi presupuesto y quedaron para una próxima ocasión. Luego de la cena y hablar por un rato con unos peregrinos procedentes de Somport, que recién llegaban al restaurante, regresamos al albergue para ir a descansar. Nuestra próxima meta era Estella, que estaba a unos 22 kilómetros de distancia. Regresamos al albergue y todavía el sol no caía. Después de recoger la ropa que quedaba tendida secándose y preparar las mochilas dimos por terminado el día en Puente La Reina.

Para el día 23 de abril habíamos recorrido alrededor de 93 kilómetros. Un recorrido considerable si se toma en consideración algunas de las cuestas que habíamos conquistado. El periodo de entrenamiento había quedado atrás y los dolores en el cuerpo ya habían desaparecido o la mente empezaba a ignorarlos. Yo me creía un experto en el Camino, pero había mucho que aprender. Aunque todavía un novato, con mucho camino por recorrer, lo cierto es que estaba disfrutando cada paso que daba en el Camino mientras aprendía mis lecciones. Cada día había algo nuevo e interesante. Después de cuatro días en el Camino mi cuerpo y mi mente comenzaban a robustecerse y pensaba que, aunque muy lejos aún, alcanzar la meta de llegar a Santiago de Compostela estaba a mi alcance.

Con mucho optimismo y vitalidad nos tiramos a la calle ese nuevo día para buscar donde alimentar nuestros cuerpos antes de salir a caminar. Casi a la salida de Puente La Reina, justo antes de llegar al puente que está a la salida del pueblo, encontramos un tesoro. Había una repostería con toda clase de dulces y panes casi recién horneados. El lugar estaba vacío; tal vez por su localización a la salida del pueblo los peregrinos que pasaron por allí ya habían desayunado antes de dejar el poblado. Siendo Jaime y yo los únicos en el lugar se nos hizo difícil seleccionar una de tantas mesas vacías. Al fin nos decidimos por una con vista hacia la calle, donde se veían pasar peregrinos sin detenerse a saborear los manjares que ofrecía aquella maravillosa repostería con tantas exquisiteces. Mi amigo optó por un desayuno con tortilla española, tostadas y café. Yo, sin embargo, siendo muy dulcero, pedí café y varios dulces que incluían moscovitas, corbatas de Unquera, trenza de Almudévar y para llevar una napolitana de vainilla. Después de aquel banquete con mucho entusiasmo, energía y optimismo comenzamos el nuevo día.

Los 22 kilómetros que nos tocaba recorrer eran en forma de serrucho casi todo el camino. Después de subir la cuesta de unos cien metros hicimos nuestra primera parada en Mañeru. Aquí conocí a un peregrino, oriundo de Bilbao, de nombre Juan Francisco Martínez, quien me acompañaría a hacer varias etapas más adelante. Después de un corto descanso continuamos el camino sin novedad hasta un kilómetro antes de Lorca, donde se encuentra el Río Salado.

Me interesó mucho este río y su puente medieval porque se menciona en el quinto libro del *Códice Calixtino* del siglo XII. En el libro hay una leyenda muy interesante donde advierte que todos aquellos que bebían de las aguas de este río morían envenenados. Por temor a envenenamiento, a los caballos tampoco se les permitía beber de las aguas del Río Salado. Según la leyenda, los vecinos del lugar instaban a los peregrinos a beber de sus aguas para luego de envenenados despojarlos de sus pertenencias. En el Camino hay un sin número de leyendas que han pasado de generación en generación a través de los años. Leyendas como ésta y otros cuentos del camino dan encanto y hacen interesante el Camino de Santiago de Compostela.

Luego de cruzar el puente del Río Salado continúanos ascendiendo un kilómetro más hasta llegar a Lorca donde hicimos una parada para descansar y reponer fuerzas. Aquí aproveché para comer la napolitana que traía conmigo y tomar un poco de agua. La subida, aunque fue corta, era muy pronunciada. Tuvimos que ascender unos ochenta o cien metros y todavía, después de Lorca, había que ascender unos sesenta metros más para llegar a la cúspide.

Después de alcanzar la cima nos tocó descender unos cuatro kilómetros hasta llegar a Villatuerta. Luego de pasar Villatuerta quedaban otros cuatro kilómetros en forma de serrucho para alcanzar nuestra meta. Sin mayores tropiezos llegamos a Estella alrededor de la una de la tarde.

Fuimos directamente al albergue de peregrinos municipal de Estella donde, sin ningún inconveniente, nos registramos, pagamos la cuota de 6 euros por pasar allí la noche, sellamos las credenciales y procedimos a cerrar la jornada ya acostumbrada de lavar ropa, arreglar la litera y ducharnos. Estos quehaceres domésticos más que una obligación, es esencial para mantener la salud en el Camino y evitar mayores inconvenientes.

Como era temprano en la tarde y ya habíamos cumplido con nuestras obligaciones en el albergue, decidimos descansar tomando una siesta, para luego ir a conocer los alrededores y cenar. Aproveché, también, para lo que ya se estaba convirtiendo en rutina y enviar un mensaje y unas fotos del Camino a Gisselle. Verdaderamente ya me sentía como que ella era nuestra acompañante en el Camino.

Veinte minutos más tarde ya estábamos listos para el recorrido del poblado. En la salida nos encontramos a una peregrina de Alemania llamada Monica, quien se unió a nosotros en el paseo por la ciudad. Estuvimos visitando sitios de interés por todo el pueblo, como son la Iglesia de Santa María Jus del Castillo, Convento Santo Domingo y varias plazas de la localidad.

Luego de haber caminado lo suficiente para abrir el apetito, alrededor de las siete y media de la tarde, paramos en un restaurante cerca al albergue. La cocina abría a las ocho, pero el menú se veía sabroso, además tenía un precio muy razonable y decidimos sentarnos a esperar que abriera la cocina. Compartimos una botella de vino mientras conversábamos y esperábamos. La cocina abrió puntual a la hora indicada y nosotros estábamos listos para ordenar. Monica pidió *alubias rojas con tocino* mientras que Jaime pidió lo mismo, pero con rabo. A mí me apeteció mejor la *trucha a la navarra*. La comida estuvo sabrosa y comimos como reyes en preparación para la etapa planificada del próximo día, que nos llevaría a Torres del Río.

Cuando regresamos al albergue faltaban quince minutos para apagar la luz y retirarnos a descansar y los aproveché para hablar con mi ángel del Camino. Gisselle se alegró mucho cuando recibió mi llamada y conversamos brevemente hasta que se apagó la luz y el Wi-Fi dejo de funcionar.

Jaime me sorprendió y se levantó temprano a la mañana siguiente. Él estaba consciente que para llegar a Torres del Río teníamos un recorrido de 29 kilómetros y en el camino había que hacer las paradas obligatorias en la fuente del vino y el Monasterio de Irache. Antes de salir revisé mi teléfono y encontré dos mensajes de Gisselle, uno decía que tenía que viajar de emergencia a Estados Unidos y estaría ausente por unos días. Ajeno a cuál era la emergencia me preocupé, pero me concentré preparándome mentalmente para la faena del día y dejé los malos pensamientos a un lado. Cuando salimos del albergue para buscar un café y desayunar nos encontramos con un día precioso para caminar. La temperatura era de 17°C y aunque no había salido el sol la mañana era una muy clara y fresca.

Cerca del albergue encontramos un café al cuál, después de bajarnos las mochilas, entramos a desayunar. En el establecimiento nos encontramos a Monica y algunos otros peregrinos quienes ya habían desayunado y estaban listos a partir. En quince minutos, Jaime y yo ya habíamos desayunado y salimos rumbo a Torres del Río.

Abandonamos a Estella para comenzar a ascender los cuatro kilómetros hasta Irache, donde encontraríamos su famosa fuente del vino. Todo trascendió con normalidad durante los cuatro kilómetros hasta llegar a nuestra meta. Allí cuando estuvimos junto a la fuente tuvimos que esperar por tres peregrinos, quienes habían llegado antes que nosotros y estaban disfrutando del preciado brebaje. Cuando nos toco acércanos a la fuente para servirnos el preciado líquido tuvimos suerte que la fuente todavía no se había secado. Debido a la gran cantidad de peregrinos que pasa por el lugar, la cuota de 100 litros diario de vino tinto joven, que se deposita en la fuente cada día para el disfrute del viajero, a veces la cantidad no es suficiente y el vino se agota antes del mediodía. Otra razón por la cual, a veces, el vino no alcanza para todo el día es porque algunos peregrinos deshonestos cargan sus envases con cantidades abusivas de vino para llevar y consumir en el camino... no todos los peregrinos siguen las normas. Además, algunos aseguran que lugareños llegan en la mañana a llenar sus envases para consumir el valioso líquido en sus hogares. Sea cual sea el caso, la gran mayoría de peregrinos que van de Estella a Santiago de Compostela son honestos y están agradecidos de esta fuente que lleva operando desde la década de los noventa y es la única que existe en todo el trayecto.

El día avanzaba y teníamos mucho camino por recorrer. La visita al Monasterio de Santa María de Irache, el cual se cree fue construido alrededor del siglo VIII, pero que se le ha ido añadiendo edificios a través de los años, duró escasamente una hora, pero bien valió la pena. Por su arquitectura medieval y valor histórico muy bien merecía la consideración de una visita minuciosa y puntualizada. Pero, nuestra misión del día no nos permitía ese lujo. Sin embargo, de la visita al monasterio llevé conmigo una de sus leyendas la cual me llamó mucho la atención.

La leyenda dice que su abad San Veremundo, en contra de las reglas establecidas por la congregación del monasterio, solía dar a escondidas, alimentos a aquellos peregrinos del Camino que paraban en el hospital monástico. El abad llevaba sus alimentos escondidos bajo sus hábitos. Cuando era sorprendido por los hermanos y obligado a enseñar los alimentos estos se convertían en leñas o flores. Leyendas así son populares en casi todos los viejos edificios que sirvieron a peregrinos en diferentes épocas.

Por otra parte, lamenté mucho no haber podido visitar las bodegas de Irache. Para hacer una visita y degustar este excelente vino de Navarra había que reservar y nosotros no habíamos hecho los arreglos pertinentes. Esta es una de las muchas cosas que quedaban pendientes para el próximo Camino.

Luego de haber recibido un poco de "combustible" para el camino y unas gotitas del saber, de nuevo, retomamos el camino en dirección a Torres del Río. La ruta continuaba en ascenso y alrededor de unos cinco kilómetros nos esperaba Villamayor de Mojardín, con una escalada de unos 100 metros. Continuamos el camino por cinco kilómetros más, pero ya comenzábamos a sudar y al llegar a Villamayor entramos a un café para descansar y refrescarnos. De nuevo aquí nos encontramos con Monica y más amigos.

Luego de compartir con ellos por una media hora retomamos la ruta, esta vez en descenso. Hicimos una larga caminata de unos 12 kilómetros y no paramos hasta llegar a Los Arcos. En esta parada entramos a comer un bocado y descansar las piernas. Los Arcos es una parada muy popular por muchos peregrinos que optan por pernoctar aquí y así evitar la larga etapa de 29 kilómetros hasta Torres del Río. Monica y sus amigos eran unos de estos peregrinos que terminaban la jornada del día en este preciado destino.

Nosotros, sin embargo, después de comer algo acompañado por una cerveza, nuevamente retomamos el camino con la intención de llegar a Torres del Río. De aquí en adelante el camino era casi todo plano hasta llegar a Sansol. El trayecto transcurrió sin novedad y al llegar a Sansol acordamos hacer una breve parada antes de llegar a nuestra meta de Torres del Río. Al llegar a este destino nos topamos con el albergue Sansol, un hermoso albergue privado que invitaba a la estadía y decidimos terminar nuestra etapa aquí, en lugar de continuar hasta Torres del Río.

La llegada al albergue fue todo un acontecimiento. Fuimos recibidos por los dueños del albergue, dos jóvenes muy atentos, quienes nos invitaron a que nos removiéramos las botas y nos refrescáramos tomando una cerveza, mientras relajábamos nuestros cansados pies en una pileta que tenían para los peregrinos que allí llegaban. Aunque alrededor de la pileta había muchos peregrinos con sus pies sumergidos en el agua, hubo espacio para nosotros. El trato al llegar a aquel "paraíso", fue celestial.

El albergue era muy acogedor con mucho espacio a los alrededores del edificio, para estar y compartir con otros peregrinos o simplemente para disfrutar de la compañía de uno mismo... se respiraba paz y armonía. El edificio contaba con espléndidas facilidades donde se podía estar y disfrutar de un surtido bar y comidas preparadas en su amplia cocina.

Después de disfrutar las bebidas y aguas frías de aquella pileta pasamos a registrarnos para luego subir y conocer nuestras literas. Una vez terminados nuestros quehaceres bajamos a disfrutar de la hospitalidad que nos ofrecían aquellos gentiles hospitaleros en su apacible albergue. La tarde estaba hermosa con su sol muy brillante y una temperatura ideal de unos 21ºC. Nos sentamos alrededor de una mesa, cerca de la entrada del hospedaje donde estaban reunidos otros peregrinos, para hablar y ver cómo iban llegando nuevos caminantes a las facilidades. Entre los nuevos viajeros vi llegar a Juan y otros amigos. Carla y María, quienes eran de los Estados Unidos, venían acompañadas por Raúl, que al igual que las chicas, también residía en Norte América. Era evidente, por las caras de felicidad de los recién llegados, que el albergue les había impresionado, lo mismo que a nosotros.

Yo estaba disfrutando mucho aquellos momentos de solaz, pero no pude evitar pensar en Gisselle y su emergencia. Me aparté del grupo por un momento para intentar comunicarme con ella y conocer cuál fue la razón de su viaje. Por suerte logré establecer comunicación con la peregrina ausente por medio de

WhatsApp y pudimos hablar por unos minutos. Me contó que tuvo que hacer un viaje relámpago a Nueva York para resolver unos problemas legales de su hija, pero ya todo estaba resuelto y dentro de dos días regresaría a Puerto Rico. Pronto se uniría de nuevo al Camino conmigo. Me alegré mucho de que su viaje no fue de mucha gravedad y ya estaba todo solucionado. ¡Qué bueno que pronto regresaba al Camino!

Ya caída la tarde pasamos al comedor para disfrutar de una rica cena que nos había preparado Manuel, uno de los dos hospitaleros. El amigo Manuel nos sorprendió con una rica *caldereta de cordero* que estuvo deliciosa. Completamos la rica cena con una *crema catalana* y un *orujo de hierbas*. Terminada ya la cena la mayoría de los peregrinos, permanecimos sentados en una sobremesa (con aires de fiesta), que duró hasta las dos de la madrugada.

El área de cenar era muy amplia y al frente estaba el bar del local. Pedro, el otro hospitalero, estuvo a cargo del bar y del servicio. Nuestro amigo Pedro, quien había estado deleitándonos con una música de merengue, bachata y boleros, a un volumen muy bajito, cambio el ritmo a salsa y subió el volumen de la música. Fue entonces que ambos hospitaleros se unieron a la celebración de nuestra mesa para compartir con nosotros. Nos contó Pedro que había vivido por dos años y medio en la República Dominica y disfrutaba mucho la música caribeña. Cuando escuché el ritmo de salsa, después de una rica cena y un sabroso vino, dejándome llevar por el ritmo contagioso de Héctor Lavoe, saqué a bailar a María, quien estaba deseosa por bailar. Luego, cuando la música del Gran Combo se hacía sentir le tocaba el turno a Carla y la invité a bailar. Esta última resulto ser muy buena bailadora de salsa. Raúl trato de bailar, pero se notaba que no estaba en su gallinero. Juan y los otros peregrinos presentes sirvieron de alentadores. La algarabía, camaradería, y celebración se apoderó de nosotros y fue muy difícil detener aquel desbarajuste. Sin embargo, hubo una nota discordante en la noche quien, apelando a la razón, anuncio que era muy tarde y dentro de poco debíamos ir a caminar. Fue así como de golpe y porrazo nos detuvimos para dormir un par de horas antes de emprender la próxima aventura que comenzaba en solo un par de horas.

Capítulo VI: Desde Sansol a Santo Domingo de La Calzada

Maltrechos y soñolientos nos "despertamos" alrededor se las siete de la mañana para comenzar a caminar la etapa de 22 kilómetros que nos llevaría a Logroño. Cuando estuvimos listos pasamos al área del comedor en busca de un rico café que nos despertara y estimulara los sentidos. Manuel, quien me había adivinado el pensamiento, nos recibió con un café y una sonrisa. Le preguntamos por Pedro y nos dijo que todavía estaba durmiendo, porque se acostó muy tarde. El pobre hospitalero se había quedado en el comedor después de que nosotros nos retiráramos a dormir, para dejar el área de desayuno lista antes de que nosotros nos presentásemos en la mañana. Charlábamos con Manuel mientras nos servía bollería, mantequilla, mermelada, frutas, cereales y jugo de naranja para el desayuno, el cual consumimos en unos veinte minutos. Nos despedimos de nuestro amigo dándole las gracias por su gentileza y hospitalidad. Con mucha pena dejamos el albergue para comenzar nuestra jornada del día.

En poco tiempo pasamos Torres del Río sin lamentar haber pernoctado allí la noche anterior. El recuerdo de la estadía en Sansol estaría con nosotros por mucho tiempo. Una de las ventajas de andar "al garete" en el Camino, es que la flexibilidad le permite a uno ser tolerante y escoger donde quedarse sin la atadura de una reservación. Aunque esto último tiene sus ventajas y da al peregrino la seguridad de tener un sitio esperando para dormir. Por otra parte, no hay nada como caminar sin ataduras confiado en que "el camino provee".

Aunque la etapa no era muy difícil esta mañana, saliendo de Torres del Río nos encontramos un sube y baja de unos tres kilómetros que nos hizo recordar lo bien que la pasamos la noche antes. El resto de la jornada, mayormente bajando, también encontramos algunas pendientes, pero mucho más llevaderas que las que pasamos anteriormente. Habiendo caminado ya media mañana y después de hacer varias paradas para reponernos llegamos cerca a la papelera del Ebro en el kilómetro 15.9. Es aquí donde termina la provincia de Navarra y da paso a La Rioja. Con la entrada a La Rioja ya habíamos acumulado 142 kilómetros desde que salimos de Saint Jean Pied de Port. Por mi parte, yo me alegraba de entrar a La Rioja. Ahora podría degustar algunos de sus exquisitos vinos.

Entrado ya en La Rioja continuamos nuestro camino y con poco esfuerzo muy pronto nos encontramos con el viejo puente que cruza el Río Ebro. Pasada ya la una de la tarde continuamos por la Rúa Vieja en dirección a nuestro albergue.

Agotados más por las peripecias de la noche anterior que por lo hostil del camino, llegamos al ansiado albergue con muchas ganas de registrarnos y tomar un merecido descansito. Después de sellar los documentos fuimos directo a la cama. Este día el descanso tomaba prioridad y el lavado de ropa y ducharnos tendría que esperar hasta más adelante.

Dos horas más tarde, después de haber cumplido con nuestros deberes, salimos a la calle a explorar Logroño para más tarde cenar. Apenas nos alcanzó el tiempo para visitas relámpagos a la Catedral, Plaza de la Oca, donde vimos un juego de la Oca pintado en el suelo, el Café Moderno, y la bodega La Reja, lugar donde vivió Doña Jacinta Martínez, esposa del general Espartero, quien fue influenciado por su esposa en momentos históricos en la historia de España. El recorrido nos llevó a La Calle del Laurel famosa por sus muchos restaurantes y bares. En esta calle el tapeo es rey y cada bar tiene su especialidad. Nos pareció buena idea, en lugar de una cena completa, ir de un bar a otro tapeando y degustando la especialidad de cada bar... no me arrepentí. Tuve la oportunidad de disfrutar algunas de las muchas variedades de tapas que hay en el lugar como son, la oreja rebosada, pimientos rellenos, sepia a la plancha con mayonesa y tortilla. Con tiempo me hubiera gustado visitar todos los bares de esta famosa calle y degustar todas y cada una de la variedad de tapas que hay en el lugar. El concepto del tapeo en Logroño es impresionante y vale la pena disfrutar de esta locura.

Quedaba mucho que hacer y ver en Logroño, pero como en el cuento de la Cenicienta, pronto cerrarían las puertas del albergue y había que regresar a descansar.

Temprano en la mañana del 26 de abril entramos a un café muy cerca del albergue a desayunar. Al filo de las siete de la mañana, el lugar estaba lleno de peregrinos que se preparaban para la larga jornada del día. Luego de desayunar Jaime y yo salimos a la calle para emprender nuestro camino.

A la salida del pueblo nos encontramos con un ícono de Logroño. Allí se encontraba Marcelino, un pintoresco peregrino, quien tiene su chiringuito en una esquina a la salida de la ciudad. Este atrayente personaje ofrece al peregrino sus servicios de sello de documentos y consejos sabios del Camino acompañados con galletitas dulces y frutas, las cuales ofrece al caminante libre de costo (por un donativo claro está). El pintoresco peregrino se tomó la molestia de escribir en mi diario el siguiente mensaje: "*Los locos recorren los caminos que después siguen los sabios*".

Después de dar gracias a nuestro amigo peregrino y "pagar" por sus servicios retomamos el camino rumbo a nuestro destino. La etapa era desde Logroño a Nájera y había un recorrido de unos treinta kilómetros. Los primeros 20 kilómetros eran un verdadero rompepiernas. Salimos de Logroño en un ascenso gradual para más tarde, después de unos siete kilómetros, entrar en un sube y baja hasta llegar a Navarrete donde hicimos nuestra primera parada.

Llegamos hasta la casa de comidas Begoña y Antonio para comer algo y descansar. En el lugar había varios peregrinos que ya almorzaban y platicaban alegremente. Pudimos llegar hasta una mesa ocupada por María, Carla y Raúl, a quienes no veíamos desde la recordada noche en Sansol. Conversamos un rato mientras comíamos y revivíamos los sucesos de Sansol. Todos estuvimos de acuerdo que quedaba un largo camino por recorrer y que noches como la de Sansol tal vez se repetirían más adelante. Después de un rico almuerzo y una entretenida conversación nos despedimos de nuestros amigos para, de nuevo, retomar el camino.

Nuestro próximo descanso sería a unos siete kilómetros en Ventosa que estaba a un desnivel de unos cien metros. Aunque la distancia era corta para nuestra próxima parada todo el camino estaría en ascenso y necesitaríamos recuperar energías para el resto de la jornada.

Con mucho esfuerzo alcanzamos nuestra meta alrededor de la una y treinta de la tarde. Paramos en un bar a tomar una cerveza mientras recuperábamos el aliento. La localidad era muy acogedora y tenía facilidades de albergues y bares. Ya habíamos recorrido 18 kilómetros y faltaban otros 12 kilómetros más para llegar a Nájera. Mientras tomábamos la cerveza discutimos la posibilidad de pernoctar en Ventosa. Sabíamos que teníamos que seguir ascendiendo por otro kilometro más, sin embargo, después del Alto de San Antón el resto del camino era descenso hasta Nájera. Al final, optamos por terminar la jornada en Nájera como habíamos acordado desde el principio.

Después del descanso en Ventosa, donde comimos algunas golosinas mientras nos recuperábamos del ascenso desde Navarrete, retomamos el camino. Ahora nos tocaba subir la última pequeña gran empinada para llegar al Alto de San Antón que, a 670 metros sobre el nivel del mar, era el punto más alto de toda la jornada. El día estaba claro y desde la cúspide de la montaña podíamos ver el valle de Nájera y sus alrededores. Lo próximo era descender por espacio de dos horas hasta alcanzar nuestra meta. El descenso, por su pronunciada caída, no fue muy fácil, pero estábamos determinados a no parar y continuamos hasta, con mucho cuidado porque no hay cruce de peatones, cruzar la Nacional 120. En estos cruces hay que mantenerse alerta porque el cansancio físico y mental llevan al caminante a bajar la guardia y esto hace que las condiciones sean propicias para un accidente.

Entramos en Nájera y ahora nos tocaba buscar el albergue. Nos apetecía parar en un café para un pequeño reposo, pero, resistimos la tentación y no paramos hasta llegar al Albergue de Peregrinos, localizado cerca al Río Najerilla. El hospedaje era muy cómodo y cerca al albergue teníamos lo necesario para llenar nuestras necesidades.

Luego de sellar y registrarnos fuimos a ducharnos para luego salir a conocer el vecindario y cenar. Pero primero tuvimos que lavar y tender ropa. Como era muy tarde no tendríamos luz solar por mucho tiempo. Esto presentaba un problema para el secado de la ropa. Si las prendas no estaban secas para nuestro regreso tendríamos que bregar con esa situación. Por ahora queríamos conocer el pueblo y había poco tiempo.

Después de un corto recorrido por Nájera, al filo de las ocho de la noche, decidimos llegar hasta el Mesón El Buen Yantar, donde había un menú del peregrino. El asado, que era parte del menú del peregrino, nos pareció razonable y decidimos probarlo. Comimos muy bien en el restaurante y ahora tocaba regresar a descansar.

Al llegar al albergue pasamos a inspeccionar la ropa que habíamos tendido en la tarde y aún estaba húmeda. Por suerte había un tendedero portátil a la entrada del albergue y todavía había espacio para tender varias piezas más de ropas. Después de tender los trapos nos fuimos a descansar. Al otro día íbamos a Santo Domingo de la Calzada y teníamos que recorrer unos 21 kilómetros.

En la mañana antes de salir a caminar, después de prepararnos, pasamos a recoger la ropa que quedaba en el tendedero y todavía quedaban medias y alguna ropa interior que no se había secado del todo. Por suerte ese día el sol iba a estar brillante e hicimos lo que hacen los peregrinos en estas emergencias. Colgamos la ropa alrededor de nuestras mochilas y las sujetamos con alfileres de ropa para no perderlas en el camino. Calzoncillos o pantaletas, en el caso de las mujeres, rebotando de lado a lado de sus mochilas no son un bonito espectáculo, pero caminantes en las vías están acostumbrados a estos panoramas y lo pasan por desapercibido.

Cuando el sol ya había salido, después de desayunar en un café muy cercano al albergue, salimos a caminar. Al parecer la caminata del día era "un paseíto". Casi todo el camino era "plano", solo había que caminar 21 kilómetros y el sol brillaba, pero no hacía calor.

Atrás dejamos el monasterio de Santa María la Real y allí también había quedado Nájera. Muy pronto llegamos a Azofra, donde se podían encontrar casi todos los servicios, pero apenas habíamos caminado unos seis kilómetros y era muy temprano para una parada. Aquí, sin embargo, nos encontramos con varios peregrinos amigos quienes nos acompañaron por varios kilómetros. La plática de estos amigos hacía del camino uno más agradable y era muy fácil avanzar en el trayecto. Tal vez por eso se nos hizo muy fácil caminar por los campos de cereales hasta llegar a Cirueña, sin apenas darnos cuenta. Al llegar a esta localidad ya habíamos caminado unos 15 kilómetros y era meritorio un descanso.

Nuestros acompañantes también decidieron tomar un receso y todos entramos a un café de la localidad. Luego de dejar nuestras mochilas afuera del establecimiento, nos sentamos alrededor de una misma mesa. Mientras comíamos un bocadillo y tomábamos una cerveza escuchamos varias anécdotas de nuestros amigos peregrinos. Jakob, un peregrino alemán sentado a mi izquierda, conocía y nos contó el "milagro" que hubo, en la localidad donde íbamos, de un gallo y una gallina que cantaron después de asados. Nos relató el peregrino que, según la leyenda, una hospitalera de Santo Domingo de la Calzada se enamoró de un peregrino alemán, pero este la rechazó. Al verse rechazada por el peregrino la joven escondió un plato de plata en la mochila del alemán y luego lo acusó de robo. El peregrino fue encontrado culpable y lo condenaron a la horca. El muchacho, quien había sido ajusticiado injustamente, después de ahorcado abrió los ojos y dice a sus padres, quienes lo acompañaban en este peregrinaje, que está vivo, gracias a la misericordia del Apóstol. Sus padres fueron a decirle al regidor que su hijo estaba vivo. El concejal que estaba a punto de cenar, enojado porque le habían interrumpido su comida, les dijo a los padres del muchacho que, el hijo estaba tan vivo como el gallo y la gallina que estaba a punto de comerse. Fue entonces cuando el gallo y la gallina salieron cantando y volando del plato, dejando a todos boquiabiertos. Esta fue otra de esas leyendas que se cuentan una y otra vez en el Camino y que esta vez sirvió para cimentar nuevas amistades y darle colorido al lugar donde nos encontrábamos.

Cuando salimos de nuevo al camino todos íbamos en buen espíritu con la certeza de que este día había sido uno muy productivo. Entre risas, anécdotas y chistes continuamos el camino y casi sin darnos cuenta habíamos llegado a las Calles 12 de Mayo y la calle Mayor, donde se encontraba el albergue de peregrinos.

En el albergue nos registramos, sellamos y pagamos los 6 euros que costaba, para pasar la noche; luego subimos para inspeccionar las literas y ducharnos. Debido a que era temprano, y no había muchas camas asignadas a peregrinos, ambos logramos asegurar literas bajas... un lujo. Comenzábamos de suerte en Santo Domingo de la Calzada.

Después de ducharme pasé a la pileta para lavar ropa y luego tenderla a secar. Cuando ya estaba todo listo y me disponía a salir a la calle quise revisar mis mensajes y me encontré con uno de Gisselle. Me decía que ya había regresado de su corto viaje, todo estaba bien y de ser posible le gustaría recibir una llamada mía en la noche.

Su mensaje me alegró la tarde y con mucho entusiasmo salí con Jaime a conocer algo de este pintoresco pueblo. Luego de admirar el Monumento al Peregrino en la Plaza San Francisco, comenzamos nuestro recorrido en la Catedral, la cual quedaba a pocas cuadras del monumento. Después de parar por mucho tiempo en la Catedral admirando su belleza y arquitectura del año 1158, pasamos a comer un helado para más tarde recorrer la ciudad sin rumbo fijo, parando en algunos sitios de interés para los viajeros. Fue así como tropezamos con *El Marquesito*, un auténtico restaurante de comida casera. Por 12 euros comimos unos *garbanzos con carne y verduras* que eran una delicia. Tampoco pudimos resistir comer unos *ahorcaditos* después de la cena. Estos pequeños dulces de hojaldre rellenos de crema de almendra son una delicia al paladar. Con esta suculenta comida, ya siendo casi las nueve de la noche, nos vimos obligados a terminar nuestro recorrido y regresar al albergue.

Tan pronto llegué al hostal hice una videollamada a Gisselle, quien prontamente me contesto. Hablamos un poco de su viaje y me contó que me había extrañado mucho mientras estuvo "ausente" del Camino. Por supuesto yo la extrañé mucho también y así se lo dejé saber. Era agradable hablar con mi amiga y más aún tener su figura frente a mí. Me hubiese quedado allí platicando con ella toda la noche, pero, lamentablemente ya daban la señal de que había que descansar y abruptamente tuvimos que terminar la conversación.

Capítulo VII: Desde Santo Domingo de La Calzada a Burgos

"Te quiero", fue el mensaje que vi en mi celular a la mañana siguiente. Mi respuesta fue: "Bienvenida de vuelta al Camino, sentí mucho tu ausencia". Y la verdad que no podía engañarme, el trayecto sin Gisselle no era igual. Mientras estuvo ausente quedó un vacío en el Camino que ningún peregrino pudo llenar. Aquella peregrina invisible, pero palpable, ya era parte de mi recorrido y su regreso daba un alivio a las adversidades que sabía encontraría en mi largo caminar.

Después de parar a desayunar en un café, el cual quedaba a unas cuantas cuadras del albergue, salimos a recorrer los 23 kilómetros que nos separaban entre Santo Domingo de la Calzada y Belorado. Aunque amaneció con algo de frío, la temperatura muy pronto comenzaría a calentar; el sol en el horizonte brillaba, prometiendo un día de mucha magia y majestuosidad. La temperatura a media mañana ya alcanzaba los 21ºC y se hacía cómplice de la exquisitez de este hermoso día.

La jornada de hoy, aunque subiendo, no presentaba mayor reto para un experimentado peregrino y un aprendiz. Ascendimos los primeros siete kilómetros hasta llegar a Grañón sin mayor dificultad. Decidimos parar brevemente en este poblado, porque ofrecía todos los servicios y mi amigo quería ir a la farmacia a comprar *Compeed* para una ampolla que le estaba molestando. Al salir de la farmacia había un bar y decidimos entrar y tomar un café. Antes de salir al camino paramos en un cajero automático para retirar algún dinero, el cual íbamos a necesitar para usar en pueblos pequeños donde las tarjetas de crédito no eran bienvenidas.

A los diez minutos ya estábamos de regreso en el camino y después de un leve descenso comenzamos de nuevo a ascender. Dejamos atrás a Grañón sabiendo que sería el último pueblo que visitaríamos en la Comunidad Autónoma de La Rioja. Atrás quedaba "la de los siete valles" con sus exquisitos vinos y sus distinguidos habitantes. En unos pocos kilómetros entraríamos a la Provincia de Burgos donde nos enfrentaríamos a la temible meseta.

Cuando llegamos a Redecilla del Camino hicimos una breve parada para pasar por la oficina de turismo y recoger alguna información sobre la provincia que estábamos comenzando a recorrer; nunca está demás estar bien informados en el Camino. Así evitábamos perdernos de algún sitio de interés a nuestro paso. Por falta de tiempo no podíamos visitar todos los lugares de interés en el recorrido, claro está, pero estando informados lográbamos escoger los sitios de mayor relevancia. Aquí, en Redecilla, también hacíamos la visita de rigor al bar donde podíamos usar sus facilidades sanitarias y tomar una cerveza.

Cuando retomamos el camino, sintiéndonos más relajados, comenzamos a subir la tranquila empinada que nos llevaría a nuestro destino. Paso a paso anduvimos los próximos kilómetros sin ninguna novedad hasta llegar a Viloria de La Rioja. Allí nos detuvimos por unos instantes para admirar el albergue de Peregrinos *Acacio y Orietta*. Lo que hace interesante a este albergue privado, es que es auspiciado por el escritor brasileño Pablo Coelho. En el 1987 este famoso autor, de muchos libros célebres, le dio gran auge al Camino cuando publicó su famosa novela *El Peregrino*. Ambos, Jaime y yo, pensamos que por la relación que guarda el albergue con el famoso autor era meritorio una parada en el recorrido para un pequeño tributo al albergue relacionado con Pablo Coelho.

También cabe destacar que fue en este pequeño pueblo, habitado por un puñado de personas, donde nació el religioso Domingo García, mejor conocido como Domingo de la Calzada, alrededor del 1020. Domingo García fue uno de los mayores propulsores del Camino de Santiago de Compostela. Fue Domingo de la Calzada, también, el que demostró la inocencia del alemán acusado por robo en el *Milagro del Gallo y la Gallina*.

En pocos minutos nos encontramos de nuevo en el camino, rumbo a nuestro destino de Belorado. En esta última parte del camino estuvimos acompañados por unas amigas oriundas de Suiza y Holanda respectivamente. Karin y Martina habían comenzado el Camino en Pamplona, pero todavía no habíamos tenido la oportunidad de compartir ninguna etapa con ellas. Tuvimos una conversación muy interesante durante los últimos kilómetros de esta jornada con las dos chicas y el camino se tornó más ameno. Fue así como después de varios kilómetros ya alcanzábamos nuestro destino en Belorado.

Nos dirigimos directamente al albergue Belorado El Corro, donde nos alojaríamos por esta noche. Era temprano y después del registro y sellar tuvimos tiempo demás para las tareas de llegada y luego salir a recorrer los alrededores. Duchados y relajados salimos sin rumbo fijo y con suficiente tiempo para recorrer la pequeña localidad de unos 1700 habitantes. Nuestro recorrido nos llevó a conocer el Paseo del Ánimo, Plaza de la Constitución, Museo Radiocomunicación Inocencio Bocanegra y La Iglesia San Pedro.

No tuvimos tiempo para más; nos habíamos comprometido a preparar una cena mexicana y camino al albergue teníamos que conseguir los ingredientes. Llegamos al Supermercado Proxim y allí conseguimos los componentes necesarios para preparar *chimichangas*. Al llegar al albergue ocupamos la cocina y bajo la supervisión del Chef Jaime, procedimos con los preparativos. Cuando comenzábamos nuestra elaboración de la comida llegaron María, Carla, y Raúl. Habiendo suficientes ingredientes para preparar varias chimichangas invitamos al trío a que nos acompañara. Los peregrinos aceptaron la invitación, pero quisieron llegar hasta Proxim a conseguir algún postre para la cena.

Media hora más tarde, regresaron los tres amigos con bollería que lograron conseguir en una repostería cerca al supermercado. También trajeron una botella de Tequila Sauza (y algunos limones), que vino muy bien como aperitivo. Casi simultáneamente llegaron Karin y Martina con pan y algo de vino. Todos abríamos el apetito con Sauza mientras observábamos al Mago Jaime elaborar su suculento plato.

La cena estuvo exquisita y la sobremesa era muy animada. Temas del Camino, la familia, geografía, cultura y música, entre otros, dominaron por largo rato la conversación y ninguno de los allí presentes tenía la más mínima intención de dar por terminada la sobremesa. Era ya muy tarde y pronto se apagaría la luz, como señal de que había que descansar.

No tuve otro remedio que excusarme para ir al vestíbulo a llamar a Gisselle y desearle buenas noches. Apenas había logrado comunicación con ella la misma fue desconectada cuando se cortó la conversación por falta de Wi-Fi. Como ya era hora de descansar el hospitalero desconectó el servicio de Wi-Fi. Sin embargo, tuve tiempo para despedirme de mi "ángel del Camino".

Temprano en la mañana del 29 de abril nos preparamos para el recorrido de unos 27 kilómetros que nos llevaría a Trinidad de Agés. Después de un gustoso desayuno salimos a la calle para comenzar la larga jornada del día. Esta etapa prometía ser uno de muchos desafíos, pero a la misma vez pintoresca e interesante. Hoy pasaríamos por solitarios caminos, montañas vistosas, y pequeños pueblecitos que hacían de esta ruta una muy fascinante. Se unió a nosotros en esta fase una peregrina alemana de nombre Amalia.

Los primeros siete kilómetros de la ruta, hasta llegar a Villambistia, sirvieron para calentar y entrenar para lo que nos esperaba más adelante. Pensando que más allá teníamos un camino muy difícil por recorrer decidimos hacer nuestra primera parada en este pintoresco poblado. Aquí tomamos un café y unas tostadas en tanto descansábamos los malogrados pies. Mientras reposábamos y bebíamos el café conversábamos con un peregrino cordobés, sentado a la mesa cerca de nosotros. El peregrino nos contó una leyenda local, del siglo XVII, que habla de una fuente con poderes extraordinarios en la localidad. Dice la leyenda, que el peregrino que remoje su cabeza en esta fuente, cuyas aguas emanan de cuatro caños diferentes, acabará con su cansancio y recuperará su vitalidad. Ninguno de nosotros se atrevió a verificar los poderes de la fuente y teniendo en cuenta que nos esperaba una jornada difícil, decidimos retomar el camino.

Aunque Jaime no se había estado sintiendo bien últimamente, la subida hasta Villafranca Montes de Oca transcurrió sin mayor novedad. En el camino pasamos por los remanentes del monasterio San Félix, donde se dice yacen los restos del fundador de Burgos, Diego Porcelos, Conde de Castilla.

Tarde en la mañana alcanzamos Villafranca Montes de Oca, donde subimos unos dos kilómetros con un desnivel de 1200 metros. El bosque era muy espeso y sus parajes impresionantes. A cada paso se podía percibir paz y armonía; las sombras del camino, el trepidar de los árboles, y los canticos de pájaros nos hacían compañía; el ambiente invitaba a la meditación y a la reflexión.

Después de llegar al tope de la montaña hicimos un receso en el mirador de San Millán para tomar una bebida y descansar nuestros agotados cuerpos. Aunque Jaime ya comenzaba a dar indicios de desmejoramiento y se le hizo difícil subir la montaña continúo caminando un poco más.

Cabe destacar que esta extensión del Camino es una de las más bellas y pintorescas del recorrido. Sin embargo, en la época medieval era una de las áreas más peligrosas de todo el Camino Francés. Los peligros de animales y malhechores escondidos en matorrales para atacar y robar a los peregrinos eran constantes. No obstante, los peregrinos en muchas ocasiones recibieron protección por parte de los caballeros templarios, quienes fueron notorios por la protección que daban a pobres peregrinos y otros viajeros en el Camino. Esta organización militar (Orden de los Pobres Caballeros de Cristo del Templo de Salomón), fundada en el 1118 durante la primera cruzada, tuvo como propósito original proteger a los cristianos que peregrinaban a Jerusalén. Al paso de los años la orden creció en tamaño y poder extendiendo sus servicios militares en beneficio de la defensa de las cruzadas. Eventualmente, por los muchos peligros que enfrentaban los peregrinos que iban a Santiago, la orden incluyó el Camino en sus planes de defensa de peregrinos y pobres.

Es muy posible que el origen del popular Juego de la Oca, como se conoce hoy, fuera inspirado en los peligros que enfrentaban los peregrinos en el Camino. Muchos dicen que el origen de la creación española de este juego nos llega de los caballeros templarios. Prueba de esto, es que en el tablero de este juego están representados puentes, posadas (albergues), laberintos (posibles pérdidas de peregrinos en el Camino) y otros peligros. Todos relacionados con la defensa que proveían los Templarios a peregrinos en el Camino. Nosotros no contábamos con la ayuda de los Templarios en esta etapa. Sin embargo, hoy en día el Camino es muy seguro y se puede transitar sin ningún peligro.

Luego del merecido descanso, ya recuperados y más animados, volvimos al camino. Todavía quedaban muchos kilómetros por recorrer. No obstante, la parte más difícil había quedado atrás. El resto del camino era casi todo bajando y teníamos un desnivel de unos 100 metros para llegar a nuestra meta. Tal vez por eso Jaime y Amalia decidieron continuar la marcha.

Sin embargo, al llegar a San Juan de Ortega mis amigos decidieron pernoctar en esa localidad. Los tres pensamos que dada la condición de Jaime era meritorio buscar un refugio donde descansar. Amalia llevaba poco tiempo en el Camino y sus etapas eran de pocos kilómetros. Yo, sin embargo, decidí dar el estirón hasta Trinidad de Agés. Acordamos vernos al próximo día en la etapa de Trinidad de Agés a Burgos. Pero resulto que esta fue la última vez que vi a Jaime. Varios días después me escribió y me decía que por algún tiempo anduvo encubando una pulmonía sin saberlo. Cuando finalmente fue a ver al médico este le ordenó dejar el recorrido. Mi amigo decidió regresar a México donde recibió atención médica y no volvió al Camino.

Yo continué la travesía solo y encontré solamente a un par de peregrinos en todo el trayecto hasta Trinidad de Agés. Todo el camino transcurrió en silencio hasta llegar a mi meta. Durante estos últimos seis kilómetros el silencio era interrumpido únicamente por el viento empujando a los árboles, el trinar de los pájaros, y el ruido de mis pisadas.

Al llegar al albergue municipal, alrededor de las dos de la tarde, agotado por las subidas y bajadas por los montes de Oca, me detuve en el Bar Restaurante de Trinidad de Agés, el cual era parte del albergue; aquí aproveché para tomar un suspiro y una cerveza. Desde la misma taberna pude registrarme y sellar mis credenciales. Después del descanso y la cerveza subí a preparar la litera para luego ducharme, lavar ropa y descansar. Trinidad de Agés es un pueblito pequeño y pintoresco, típico de los poblados del Camino. Estaba muy cansado y creí prudente no salir al acostumbrado paseo de fin de etapas y opté por quedarme en el albergue.

Cuando me levanté del merecido descanso eran las seis de la tarde y envíe un mensaje a Gisselle el cual me contestó al momento. Chateamos por una media hora y le conté sobre el itinerario del día por los Montes de Oca. Ella quería saber cada detalle de la jornada y le conté sobre mi experiencia espiritual por el bosque mientras me imaginaba como sería el recorrido en tiempos medievales. "Quiero vivir esa experiencia" me dijo antes de despedirse. Yo le contesté que muy pronto la tendría, mientras tanto habría que vivirla a través de mí. Después de un "te quiero" terminamos la conversación y bajé al bar donde se encontraban varios peregrinos amigos.

Luego de tomarnos una cerveza pasamos al restaurante donde el hospitalero había preparado un *bacalao en salsa verde y vegetales* el cual acompañamos con el vino de la casa y un orujo de hierbas para puntualizar la rica cena. Todo estuvo excelente y después de una corta tertulia entre los peregrinos presentes nos retiramos a descansar. La etapa de hoy había sido muy intensa y estábamos todos muy cansados. Mañana llegaba a Burgos, capital de la provincia del mismo nombre y había mucho que ver y hacer. Aún quedaban 518 kilómetros para llegar a la meta de Santiago de Compostela. Pero poco a poco, a cada paso se sumaban kilómetros andados y se restaban kilómetros por caminar.

Me levanté muy temprano a la mañana siguiente para comenzar mi recorrido al salir el sol. Gisselle me había escrito diciéndome que de ser posible la llamara cuando terminara la etapa del día. Le contesté que de ser posible y tener señal de Wi-Fi así lo haría. El día en esta mañana se presentaba algo frio, pero bueno para caminar.

Habiendo terminado mi desayuno al filo de las siete y treinta salí rumbo a mi destino de Burgos. Esta ciudad es emblemática para los peregrinos porque aquí comienza la interminable meseta, la cual tiene su final en Astorga.

Los 23 kilómetros que había para llegar a Burgos no presentaban mayores inconvenientes. La parte más "difícil" era un repecho que comienza en Atapuerca. El desnivel es de unos 75 metros y se encuentra a dos kilómetros y medio, saliendo de Trinidad de Agés.

Me llamó mucho la atención cuando pasé por Atapuerca. Aquí se encuentra un conjunto de yacimientos arqueológicos los cuales contienen restos de humanos con más de 900,000 años de antigüedad. Los restos de estos humanos, encontrados en la zona, dan nombre a una nueva especie conocida como *Homo antecessor*. Hubiese querido visitar los yacimientos, pero el desvío me sacaba de mi ruta y quería llegar temprano a Burgos. Con mucha pena miré la entrada a Atapuerca sin poder entrar a sus predios. El famoso yacimiento quedaba pendiente para un próximo Camino.

Todo transcurrió en paz y armonía y después de unas horas hice mi primera parada en Cardeñuela Río Pico. Entré en el bar, donde había varios peregrinos disfrutando de un merecido descanso y café o chocolate caliente. La mañana todavía estaba algo fría y la bebida caliente asentaba bien. Me acomodé en un taburete cerca de la barra y pedí café con una napolitana de chocolate. Mientras tomaba el café y comía la napolitana saqué mi credencial del peregrino para que me la sellara el camarero. Cuando había terminado de desayunar, después de una rápida visita al baño, volví de nuevo al camino. Apenas eran las diez de la mañana, pero quedaban unos quince kilómetros por recorrer... esto apenas comenzaba.

Por los próximos doce o quince kilómetros hice el recorrido sin compañía pensando en mi "ángel del camino". Aunque físicamente Gisselle no estaba a mi lado sentía su presencia en el camino a Burgos. Para hacer aún más real su presencia en la ruta, una que otra vez escuchaba grabaciones de Gisselle en mi teléfono. En los ya acostumbrados mensajes diarios Gisselle quiso enviarme uno que otro mensaje grabado alentándome y estimulándome para animarme en el trayecto. Los mensajes me animaban en momentos como este y mantenían mi espíritu y ánimo por todo lo alto. El trayecto fue de meditación e introspección, parando una sola vez para un pequeño descanso.

A pocos kilómetros de Burgos se desató un aguacero que me obligó a buscar refugio en un bar de la localidad. Media hora después el aguacero, como un relámpago, desapareció de la misma forma en que apareció y yo continué mi camino. Llegué a la estatua del Cid al cruzar el puente y continué hasta llegar al albergue municipal detrás de la impresionante Catedral de Burgos, Santa Iglesia Catedral Basílica Metropolitana de Santa María de Burgos.

Este edificio es el monumento más destacado de la ciudad, el cual fue declarado Patrimonio de la Humanidad por la UNESCO en el año 1984. La Catedral se comenzó a construir en el año 1221 y guarda un valor histórico incalculable. Como si fuera poco, la Catedral alberga los restos del Cid Campeador y Doña Jimena. No podía pasar por alto la visita a la Gran Catedral, pero ahora tenía asuntos pendientes que atender.

Por fin pude llegar hasta el albergue de peregrinos, el cual quedaba muy cerca de la Catedral. Después de registrarme, sellar mi credencial y pagar los 5 euros, que era el costo por el alojamiento de la noche, fui a inspeccionar mi litera para luego terminar con el trabajo de fin de jornada. Una vez terminadas todas mis tareas salí a la calle para ir a cenar. No tuve que caminar mucho, el restaurante estaba ubicado en frente del albergue. El local me pareció muy acogedor, con mesas afuera que tenían como vista la Catedral. El especial del día era medio pollo con ensalada y me pareció apetitoso y razonable. La realidad es que en Burgos en casi todos los restaurantes se come bien. No es por casualidad que, en el año 2013, la ciudad fue seleccionada capital española de la gastronomía.

Como estaba solo en la mesa y tenían servicio de Wi-Fi, me pareció conveniente hacerle una videollamada a Gisselle mientras esperaba por la comida. Luego de varios timbrazos escuché una voz angelical que me decía: "Hola, mi amor". Yo le respondí con un "¿Cómo te encuentras mi cielo?" Al parecer la semilla de amistad que habíamos sembrado apenas unas semanas antes, con la magia del Camino, comenzaba a germinar. Conversamos por un rato mientras llegaba la cena y tuve que pintarle a Gisselle un cuadro completo de los sucesos del día. De hecho, tuve que pararme para enfocar la Catedral con la cámara del celular para que pudiera verla. Me disculpé cuando llegó la comida y nos despedimos cariñosamente con "abrazos y besos".

Después de cenar y completar la comida con "un chupito" (orujo), me dirigí hacia la Catedral para hacer la visita "obligada". Allí estuve inmerso por no sé cuánto tiempo. La belleza de esta obra arquitectónica con estilo gótico clásico (la primera iglesia española de ese estilo) es impresionante. Debido a que la Catedral está construida para que sea vista por encima de las otras construcciones, sus agujas caladas se dejan ver desde muy lejos. En mi recorrido por el interior de esta joya arquitectónica me fue difícil absorber tanta belleza y galantería. Entre otras cosas me dejaron impresionado La Capilla de los Condestables, el rostro en el cuadro de María Magdalena (pintado por Leonardo da Vinci), su cúpula con vitrales que dejan penetrar la luz, el *papamoscas* (autómata mitad humano mitad reloj que abre la boca y toca la campana a cada hora) y tantas otras maravillas que encontraba a cada paso que me dio mucho trabajo absorber tantos pormenores. Pude haber estado en aquel lugar mágico por horas, hasta días posiblemente, pero tenía que regresar al albergue a descansar. Los 31 kilómetros que había que caminar mañana me llevarían a Hontanas, una jornada larga y había que levantarse temprano.

Capítulo VIII: Desde Burgos a Carrión de los Condes

El primero de mayo me levanté muy temprano para la jornada pendiente. En los mensajes del día, en mi celular, había una grabación de Gisselle que decía entre otras cosas que: "en éste, como en todos los días futuros, seré tu compañía en el Camino". Era agradable comenzar esta larga jornada con un bonito mensaje, el cual me inspiraba a caminar.

Muy cerca al albergue entré a un café a desayunar. Mientras desayunaba me puse a pensar en lo difícil que sería esta nueva parte de la vía. El camino, aunque casi todo plano, sin mayores retos era largo y tenía que comenzar con un desayuno nutritivo que me diera fuerzas para esta primera etapa en la interminable meseta. La falta de montañas no significaba que el camino se flexibilizaría; para algunos es todo lo contrario, la meseta puede ser una experiencia insoportable. Tal vez por eso algunos peregrinos al llegar a Burgos prefieren abordar un autobús y llegar a Astorga por carreteras, evitando así la meseta.

En esta parte del Camino, que tiene un recorrido de unos doscientos kilómetros, se combinan varios elementos que ponen a prueba la dureza del peregrino; entre éstos se destacan el aburrimiento, estrés, y el cansancio. De todos estos, el aburrimiento es el enemigo número uno del caminante en la meseta. En esta parte de la vía, se suele caminar por muchas horas sin mayor esfuerzo físico. Faltan las montañas y la intención es dejar atrás muchos kilómetros; pero como el camino es interminable y durante incontables horas no pasa nada, el cansancio y el aburrimiento se hacen presentes. Esto ocasiona cansancio físico y mental. En esta fase del camino nos falta voluntad y liberamos la mente. Para mí este es el momento más bonito del camino. Pensamientos entran y salen de la mente libremente sin ninguna atadura ni esfuerzo. Esta especie de trance es ideal para meditar, reflexionar, observación de nuestros pensamientos, introspección, contemplación, y recogimiento espiritual. Si sabemos aprovechar el Camino, la meseta nos brinda la oportunidad idónea de un vinculado espiritual con la Madre Naturaleza y con nuestro interior.

Después de terminar mi desayuno salí del café renovado y listo para enfrentar los desafíos de la meseta. La mañana estaba fría y lloviznaba, yo aproveché para mojarme pensando que este primer aguacero de mayo me traería buena suerte.

Caminé solo sin novedad durante los primeros 10 kilómetros pasando uno que otro peregrino en la ruta, otras veces era a mí a quien rebasaban. La lluvia aumentó en intensidad hasta el punto de formar un lodazal en el trayecto. Cuando ya estaba cerca de Tardajos con las botas pegándose en el lodo se hacía difícil caminar. Me detuve en un bar de la localidad para tomar un café y con la esperanza de que al salir de allí la lluvia amainara. Después de media hora, en compañía de otros dos peregrinos, continué la marcha hacia Hontanas. La lluvia había cesado un poco, pero aun lloviznaba y el camino se tornó pesado. Paso a paso continué con mis dos amigos y después de haber caminado varios kilómetros el chubasco había cesado. El camino, sin embargo, seguía complicado.

A paso muy lento logré llegar a Hornillos del Camino, donde hice un alto para descansar y tomar algo caliente. En el café, sellé mi credencial, usé el baño, comí una tortilla con un café y como había servicio de Wi-Fi aproveché para enviar un mensaje a Gisselle y contarle algo de mis experiencias del día. Ahora ella era mi única "compañía" permanente en el Camino y tenía que mantenerla bien informada.

En una media hora ya estaba listo para retomar de nuevo el camino. Mis amigos optaron por terminar la etapa en la localidad. Yo pensé hacer lo mismo, pero ya había escampado y decidí continuar caminando un poco más. Las condiciones del camino no eran idóneas, pero no había montañas que cruzar y eso hacía el trayecto más llevadero. De esta manera, acompañado en una parte del camino por un grupo de tres peregrinos franceses, casi sin darme cuenta me acerqué a Hontanas. La complejidad de estos últimos kilómetros se debe a que el poblado queda metido en una hondonada y no es visible hasta casi tropezar con el lugar. Sin verse la ciudad desde lejos se piensa que quedan muchos kilómetros por recorrer, cuando en realidad ya casi hemos terminado la etapa. Cuando se alcanza a ver la ciudad enclavada en la "fosa", casi a los pies de uno, la alegría de haber terminado la jornada es contagiosa.

Aunque estaba muy cansado no quise parar en ningún lugar y entrando por la Calle Real me dirigí directamente al albergue. Me registré y pagué los 8 euros, que era el costo por pasar la noche y subí a preparar la litera. Por el cansancio que tenía, la cama se veía muy tentadora, pero, sabiendo que todavía tenía tareas que cumplir me resistí y pasé al área de las regaderas.

Después de darme una rica ducha, me sentí más animado y bajé con la ropa que tenía para lavar y la entregué al hospitalero. Por 6 euros él se encargaría de lavarla y secarla. Después de quitarme esa preocupación de encima me fui directo al Restaurante El Puntido a disfrutar de una rica cena. Al parecer el plato predilecto por los comensales era la *olla podrida*, pero a mí no me apeteció y me decidí por *rabo de buey con vegetales y patatas*. Me pareció elegir bien, la comida estuvo exquisita.

De regreso al albergue me comuniqué con mi acompañante en el camino quien me dijo que no se estaba sintiendo bien. Al parecer, Gisselle, estaba a punto de un resfriado y se había quedado en la cama descansando. Le dije que lo mejor era tomarse un tiempo fuera del Camino y quedarse en cama a reposar por unos días. Energéticamente me contestó: "jamás, quiero ser tu compañera en el Camino y lo voy a terminar". Le dije que era bueno saber que iba a estar a mi lado y luego, muy dulcemente, nos despedimos. Yo estaba exhausto y quería descansar. Mañana tenía una etapa muy larga y era prudente dormir bien y estar descansado para el desafío.

Temprano en la mañana me preparé para el recorrido de 29 kilómetros que había para llegar a Boadilla del Camino. En el mensaje de esta mañana, Gisselle me decía que a pesar de haberle dado un poco de fiebre durante el día, se había sentido mejor. Se mantuvo acostada la mayor parte del tiempo consumiendo líquidos y remedios caseros. En realidad, le tocaba esperar que la enfermedad tomara su curso, esperando no empeorar y tener que ir a parar donde el médico. Antes de dejar el albergue me despedí con un mensaje de simpatías y solidaridad con un "te quiero" al final.

El reto mayor en la ruta de Hontanas a Boadilla del Camino no era la distancia de 29 kilómetros, tampoco eran las cuestas para subir y bajar, ya que casi todo el trayecto era plano. La meseta es conocida por las severidades del tiempo, cuando no es frío y lluvioso es caluroso y seco. Por suerte, la lluvia de ayer había quedado atrás. También atrás, había quedado el frío y caminos enfangados. Desafortunadamente, ahora en el trayecto le tocaba el turno al calor y al viento seco. Esto se complicaba aún más porque el camino era uno sin protección de árboles que dieran sombra al viajero. En su mayoría los campos estaban sembrados por plantas de cereales y estas no ofrecen ninguna protección contra los rayos solares. En esta parte del camino había que cubrirse bien con cremas para la protección del sol, gafas solares, sombreros, y ropas adecuadas para el candente sol, que después de las primeras horas de la mañana atacaría con furia al aventurero peregrino.

Después de desayunar salí del café a enfrentar el frío de la mañana. La temperatura estaba a unos 18ºC. Pero no me dejaría engañar por lo agradable que estaba la mañana. Sabía que el sol desataría su ira en horas de la tarde y yo me había preparado para la pelea.

Poco a poco fui dejando a Hontanas en el olvido y comencé a disfrutar las temperaturas agradables de la llanura temprano en la mañana. A unos tres kilómetros después de haber salido del poblado, me encontré con un peregrino brasileño de nombre Carlos Rodrigues, con quien caminé en esta etapa por varias horas. Aunque el ritmo de caminar de Carlos era un poco más lento que el mío me quedé enfrascado en una conversación que duró por varios kilómetros. Lo interesante de nuestra conversación fue que Carlos me hablaba en portugués y yo le respondía en español y viceversa. Así caminamos, mientras conversábamos por muchos kilómetros y nunca perdimos el engranaje de la conversación. En etapas futuras en el camino, o en los albergues donde coincidíamos siempre teníamos largas conversaciones, él en su idioma y yo en el mío. Fue una agradable experiencia que resultó en una perdurable amistad entre el peregrino brasileño y yo.

Mi primera parada en el trayecto, donde Carlos me acompañó a tomar un café, fue Castrogeriz. El peregrino y yo continuamos la plática en el café por un rato más. Mientras tanto había llegado al bar otro compatriota de Carlos y los tres conversábamos mientras tomaba un café y comía pan tostado. Pensando que tenía mucho camino por recorrer y ya el sol estaba calentando decidí emprender mi camino de nuevo. Carlos y su amigo decidieron reposar un poco más antes de salir de nuevo al camino.

Llevaba caminando unas dos horas después de salir de Castrogeriz y en un recodo del camino paré para comer de un queso que llevaba y tomar un poco de vino que me había sobrado de la cena de la noche antes, el cual había guardado para tomar en el camino. Llevaba merendando un par de minutos y de pronto se presentó Juan Francisco Martínez, oriundo de Bilbao, con quien había compartido en Sansol unos días antes. Apenas lo pude reconocer con el paso apresurado que llevaba y me dio la impresión de que lo que pasó por el camino fue un remolino. Lo escuché decir que "con pan queso y vino se hace el camino". Más adelante en el sendero y dos años después en el Camino del Norte, Juan y yo compartiríamos varias etapas juntos.

De nuevo en el camino, después de haber terminado mi banquete, me encontré a Karin y Martina quienes me mantuvieron compañía hasta llegar a Itero de la Vega. Fue aquí donde hicimos una parada para tomar una cerveza. Atrás habíamos dejado la provincia de Lugo y ya entrábamos a la provincia de Palencia, de la comunidad autónoma de Castilla y León. Dejar una provincia para entrar en otra era motivo de celebración. Estos hitos del camino eran pináculos que marcaban el camino recorrido.

En el bar aproveché para sellar mis documentos y enviarle un mensaje a Gisselle deseándole bienestar y reseñando un poco sobre la travesía del día. Al terminar mi cerveza, pensando que todavía tenía unos diez kilómetros para alcanzar mi meta, salí de nuevo al camino. Atrás quedaron mis amigas, quienes decidieron terminar la jornada en Itero de la Vega.

Los restantes diez kilómetros que quedaban por llegar a Boadilla del Camino transcurrieron sin mayor novedad. Solamente el sofocante calor y la falta de sombra me agobiaban y hacían difícil el caminar. Al final, muy tarde, llegué a mi destino y me dirigí al albergue municipal, pero, lamentablemente todo estaba ocupado. Recorrí el pueblo en busca de hospedaje y se me hizo difícil encontrarlo.

Por el cansancio y calor que tenía decidí entrar en un bar a refrescarme y descansar un poco. El camarero me vio la cara de cansancio y me preguntó que si estaba buscando albergue y le contesté que sí. Mientras tomaba mi cerveza llamó a un amigo, dueño de un albergue privado y me consiguió una litera por una noche. El albergue, aunque privado, no permitía reservaciones y se completaba por orden de llegada. Sin embargo, el hospitalero le dijo a mi amigo del bar que podía esperarme por 15 minutos. El hospedaje estaba a solo cinco minutos del café y quince minutos era tiempo suficiente para llegar sin ningún problema. Rápidamente terminé mi cerveza y di gracias al mozo por su ayuda y gentileza para luego dirigirme a la dirección que me había indicado mi amigo del bar.

Cinco minutos más tarde llegué al albergue Titas, donde el hospitalero me estaba esperando. Después de dejar mis botas y el bordón en el área designada para ese propósito, pasé al sitio de registro donde pagué un total de diez euros y sellé mi credencial. Los diez euros que pagué al registrarme incluían el costo del alojamiento únicamente. Si quería cenar en el restaurante del hospedaje debía pagar otros diez euros. Me pareció más prudente no cenar en el albergue y no pagué los diez euros de la cena. Tampoco pagué los tres euros que costaba el desayuno, si quería este servicio en la mañana. Este se servía muy tarde y yo prefería salir temprano y desayunar en algún café en la calle. Luego de que el hospitalero me entregara ropa de cama y una toalla pasé a preparar la litera y ducharme. Antes de salir a cenar, fui al área de la tina para lavar y tender la ropa del día.

El albergue estaba lleno de peregrinos y una gran mayoría de ellos había decidido cenar en su restaurante. Con tantos peregrinos cenando en el comedor del albergue me pareció que hice buena elección en cenar fuera del lugar.

Muy cerca de allí encontré un restaurante pequeñito con pocos comensales. El menú de esa noche era *pollo a la cazuela con verduras y setas.* Me pareció muy apetitoso y encontré una mesa en un lugar apartado donde reinaba la paz y el silencio. Cuando ya me iban a servir la cena entró un peregrino quien, como yo, viajaba solo. Lo invité a mi mesa y también, se decidió por el especial del día, pollo a la cazuela. El peregrino se llamaba Andre Holm, era oriundo de Suecia y ésta era su primera etapa del Camino. Después de la exquisita cena, conversamos un rato más y allí nos despedimos, pero como suele pasar en el Camino estas despedidas son muchas veces el principio de la travesía. Faltaban muchos kilómetros por recorrer y muchas experiencias que vivir. Más pronto de lo que pensaba compartiría de nuevo con este nuevo amigo.

Cuando llegué al hospedaje ya era tarde y no había mucho que hacer. Teniendo el tiempo limitado antes de ir a la cama no creí prudente aventurarme lejos del albergue. A la entrada del alojamiento, donde tenía mejor recepción de Wi-Fi, llamé a Gisselle para ver que tal había pasado el día. "Miserable" fue como lo describió. Tuvo un poco de fiebre, malestar en la garganta y el cuerpo adolorido. Traté de reconfortarla en lo que pude, pero ambos sabíamos que para una recuperación total era cuestión de tiempo. El descanso y líquidos harían su trabajo, pero no de un día para otro. Sabía que pronto el albergue cerraría sus puertas y había que descansar. En contra de mi voluntad me despedí de mi "ángel del camino" para ir a dormir.

Muy temprano a la mañana siguiente entré en un café muy cerca del albergue a comer algo, antes de emprender la jornada de 28 kilómetros que había para llegar a la meta del día. Allí me encontré con Andre, quien terminaba de desayunar y se disponía a salir hacia Carrión de los Condes. Intercambiamos algunas palabras y el peregrino decidió esperar que yo terminara de comer un panecillo y tomar un café para acompañarme en el recorrido.

Después de pagar por el desayuno salí con Andre rumbo a nuestro destino. La mañana estaba despejada y hacia algo de frío; pero esto no era ninguna sorpresa, así era la meseta en esta época del año. Ahora nos quejábamos por el frío, más tarde nos quejaríamos por el calor.

Andre y yo caminamos a paso lento, pero firme, durante los primeros seis kilómetros hasta llegar a Frómista. Aunque era muy temprano aún, decidimos entrar en un café y descansar por diez minutos. Aprovechamos para sellar los documentos y usar el baño. Saliendo del café de vuelta al camino, mientras tenía señal de Wi-Fi, cotejé mis mensajes y Gisselle había escrito diciendo que todo seguía igual con ella. Esto era positivo porque al menos no había desmejorado. Le escribí dejándole saber que ya estaba en el trayecto y aunque apenas comenzaba con la jornada del día, todo iba bien.

De nuevo, Andre y yo regresamos a la tarea del día y mientras conversábamos nos dejamos seducir por la interminable meseta. En algún momento se terminó la conversación y el camino parecía no tener fin, fue cuando el aburrimiento y la monotonía se apoderaron de nosotros.

Continuamos caminando por algunos kilómetros y por romper la monotonía paramos en Villarmentero de Campos. Entramos a un bar y nos quedamos en una mesa, en las afueras del local, mirando a los peregrinos que circulaban mientras tomábamos café y comíamos una tortilla. Diez minutos más tarde llegó Juan Martínez, quien pidió un café y nos hizo compañía en la mesa que ocupábamos enfrente del bar. Le presenté a Juan a mi amigo sueco y los tres charlamos por un buen rato.

Después de pagar y abandonar el lugar volvimos al aburrido camino. Sin embargo, esta vez, con otra voz en la ruta el trayecto cobró vida y la meseta se hizo más llevadera. Andre, aunque medía casi dos metros de estatura era de caminar lento. Sin embargo, y para mantener el fragor de la conversación conectada, todos nos mantuvimos al mismo paso.

De los tres, Juan parecía ser el más organizado y no le gustaba dejar nada al azar. Nos sugirió que hiciéramos reservaciones en un albergue de Carrión de los Condes. Andre y yo estuvimos de acuerdo y fue el mismo Juan quien se encargó de llamar y hacer las reservaciones. A mí me gustaba ser flexible y no me agradaba la idea de tener que llegar a un sitio determinado. Pienso que el no estar atado a llegar a un sitio estipulado le da un toque de aventura y movilidad al peregrino. Pero tengo que admitir que la seguridad de una reservación me quitaba un peso de encima. Ahora no había la preocupación de avanzar para encontrar espacio en un albergue (aunque nunca me preocupé por eso).

El tiempo transcurrió muy rápido desde que Juan se incorporó al grupo y en un abrir y cerrar de ojos, ya habíamos llegado a Carrión de los Condes. Nos dirigimos directamente al albergue de peregrinos del Convento de Santa Clara, donde nos registramos y sellamos nuestras credenciales. Debo admitir que, aunque no tenía servicio de Wi-Fi, Juan hizo una estupenda elección. Las facilidades eran muy amplias y limpias con servicio de lavadero, tendedero, máquinas de café, cocina, comedor y otras amenidades. Como si esto fuera poco, tenía restaurantes muy cerca del convento. ¿Qué más se podía pedir por siete euros?

Después de atender nuestros deberes nos dirigimos al Restaurante La Muralla para una rica cena. El menú, aunque algo caro, se veía muy apetecible. Juan y Andre se decidieron por el *Entrecot a la plancha con guarnición,* mientras yo estaba indeciso si pedir el entrecot o *Rodaballo a la plancha con pimientos del piquillo y piñones.* Ambos platos me parecían excelentes y me costó trabajo decidirme cuál platillo escoger. Los precios de ambos platos eran de 12 y 13 euros respectivamente, de manera que no había gran diferencia en precio y el mismo no iba a influenciar en mi decisión. Al final por recomendación de Juan, sabiendo que era amante de la gastronomía ibérica y el vino de la Rioja, me decidí por el entrecot. La cena estuvo acompañada por el vino de la casa, pero a Juan no le agradó mucho y nos obsequió una botella de un rioja que fue excelente complemento a la comida. Hicimos de la cena una celebración y comimos *tarta de tres chocolates* de postre y al final acentuamos aquel banquete con un "chupito" de hierbas. Juan y Andre tomaron orujo original de hierba mientras yo quise probar el orujo de café. Fue la primera vez que lo probé y me pareció exquisito. Aunque el de hierbas me parecía de mejor sabor.

Después del festín charlamos un rato y más tarde fuimos a hacer un recorrido por el poblado. Continuamos la charla por el vecindario hasta llegar al Monasterio De San Zoilo. Allí nos detuvimos a contemplar el monasterio por unos minutos. Se hacía tarde y teníamos que comenzar el regreso al albergue. Sin embargo, no podíamos terminar nuestro recorrido sin hacer una visita a la Iglesia Santa María, junto a la plaza del mismo nombre. Esta iglesia, construida en honor a la Virgen de las Victorias, tiene una leyenda muy interesante. La leyenda del milagro de las doncellas relata la historia de unas mozas presas para ofrendarlas a los reyes moros. Las señoritas fueron salvadas por unos toros durante una batalla liderada por Ramiro I. En el arco de la puerta principal de la iglesia, se pueden ver las doncellas y los toros tallados en piedra. La historia de este milagro ha pasado de generación en generación por tradición oral durante más de trescientos años. ¿Cuento del camino o un increíble milagro?

Una vez terminado el recorrido por Carrión de los Condes no dirigimos al albergue para descansar y estar frescos en la mañana. Próximo en agenda estaba Terradillos de los Templarios. Esa noche lamenté mucho no poder comunicarme con Gisselle. Quería saber de su condición, pero lamentablemente la mala comunicación me impidió enviarle algún mensaje, mucho menos llamarla. Tal vez en la etapa de mañana tendría mejor suerte.

Capítulo IX: Desde Carrión de los Condes a El Burgo Ranero

Nos levantamos temprano el 4 de mayo para nuestro recorrido de 27 kilómetros a Terradillos de los Templarios. La mañana estaba fresca, como era de esperarse en esta época en la llanura, con una temperatura de 16°C. También era de suponer que esto cambiaría en la tarde y se pronosticaba sofocación para la meseta.

A las siete y treinta de la mañana habíamos desayunado en un café, muy cercano al albergue y salimos a enfrentar las sorpresas que nos tenía deparada la planicie. El perfil de la jornada no presentaba ningún desafío. El clima, la distancia y la falta de sombra eran los únicos inconvenientes en esta etapa. A esto se sumaba el hecho de que no había ninguna población durante los primeros 17 kilómetros de la travesía. Es por eso por lo que nos habíamos preparado con agua suficiente y barras de energía para este primer tramo.

Durante los primeros trechos intercambiamos saludos y una que otra charla con los peregrinos que pasábamos, o con los que nos pasaban. Entre nosotros tres discutimos varios temas de actualidad de los países provenientes de cada uno. Hubo buena afinidad entre nosotros y la amistad se cementaba mientras avanzábamos por el interminable camino. Después de muchos kilómetros caminados hubo silencio y nos dimos un espacio para meditar y ordenar nuestros pensamientos e ideas. De esta manera, con la agradable brisa de la mañana, dejamos atrás los primeros difíciles kilómetros del camino y llegamos a Calzadilla de la Cueza.

Entramos al bar, en la localidad y nos despojamos de las mochilas para tomar un café y comer un bocado, mientras disfrutábamos de un bien merecido descanso. Por suerte el bar tenía servicio de Wi-Fi y pude mirar mis mensajes. Había varios de Gisselle y entre otras cosas me decía que desde la última vez que nos comunicamos se había sentido algo mejor. Me alegré mucho y así se lo dejé saber; también le aconsejé que siguiera con el descanso, sus vitaminas, y los líquidos. Le envié un beso y le prometí llamar desde Terradillos de los Templarios si conseguía comunicarme.

En el café los tres sellamos las credenciales y usamos las facilidades del baño antes de salir de nuevo al camino. También Juan aprovechó para hacer una reservación en Terradillos de los Templarios, en un albergue privado para tres cansados y hambrientos peregrinos. Recorrimos los próximos seis kilómetros sin ninguna novedad, excepto que el calor ya oprimía y entramos a un bar en Ledigos a tomar una cerveza para refrescarnos. Aunque merecíamos un descanso prolongado era tarde, hacía calor, y queríamos llegar al albergue para terminar con la odisea de este día.

Llegamos al albergue, Terradillos de los Templarios, alrededor de las cuatro y treinta de la tarde y fuimos al bar del albergue desde donde el hospitalero nos registró. Cumpliendo con el protocolo establecido, pasamos a ducharnos y meter la ropa sucia en lavadoras y secadoras para cerrar la jornada del día.

Lavar la ropa tenía un costo de 4 euros y se cobraba la misma cantidad por la secadora. Sin embargo, nosotros metimos toda la ropa que habíamos acumulado entre los tres en una misma lavadora y en una secadora para ahorrarnos algunos euros. Esto estaba permitido y no violábamos ninguna regla. Con los 16 euros que nos ahorrábamos nos alcanzaba para un par de botellas de vino, o cualquier otra necesidad que se presentase.

Luego de una alentadora ducha bajamos al restaurante del albergue a cenar. El hospitalero nos deleitó con una sabrosa cena que estuvo espectacular. Andre, Juan y yo compartimos la mesa con otros tres peregrinos, uno holandés y dos italianos. Después de la cena charlamos por un rato de varios temas y Ernst, el holandés, contó la leyenda de la gallina de los huevos de oro, la cual estaba relacionada a la orden de los templarios. Decía el amigo holandés, que el cura de la Parroquia San Esteban llevaba a Santiago todos los años un huevo de oro. Pero un día el cabildo de Santiago dijo al párroco que no querían más huevos, en su lugar querían la gallina entera. El párroco, junto con los templarios, la enterró muy cerca de Terradillos en el alto de Torbosillo, para que nadie pudiese llevarla a Santiago. Así fue como mataron a la gallina de los huevos de oro y el cabildo se quedó sin huevos y sin gallina.

Después de escuchar esta y otras historias, para bajar un poco la comida los seis amigos nos fuimos a dar una vuelta por el poblado, y más tarde regresar de nuevo a descansar. Al terminar el recorrido mis compañeros subieron a reposar mientras yo me escurrí al bar, donde la recepción de Wi-Fi era mejor, para llamar a Gisselle como le había prometido. Me pude comunicar sin ningún contratiempo y charlamos por unos minutos. Ella se sentía mucho mejor y yo le pude describir algo de la etapa interminable del día. Gisselle agradeció mi relato de la jornada sintiéndose así que de nuevo regresaba a acompañarme en el Camino. Después de "besos y abrazos" me fui a la cama justo antes de apagarse la luz en el albergue... señal de que había que descansar. Esta jornada fue dura y merecía un generoso descanso.

La mañana del 5 de mayo amaneció pareciendo una réplica de la mañana anterior. La temperatura de 16ºC era muy agradable para comenzar esta larga caminata de unos treinta kilómetros. Pero si esta etapa era una copia del día anterior, nos esperaba una larga y ardua jornada. Para alcanzar nuestra meta, en el Burgo Ranero, habría que conquistar los mayores obstáculos que eran la distancia, el aburrimiento y el calor. Pero estábamos positivos y sabíamos que una vez más lo lograríamos.

Era muy temprano en la mañana y bajamos a desayunar en los predios del albergue para luego comenzar el largo camino. En el comedor nos encontramos a dos peregrinos que comenzaban a desayunar y al terminar salimos los cinco al encuentro del camino.

Los treinta kilómetros de hoy, como todos en la meseta, carecían de pendientes y sombras. Pero, poco a poco ya nos íbamos acomodando a las interminables distancias y a las inclemencias del clima. El secreto era salir temprano en la mañana y aprovechar el buen tiempo antes de que el sol desatara su furia sobre sus víctimas en la tarde.

Durante la primera media hora caminamos los cinco, aprovechando el frío de la mañana. Nuestros amigos peregrinos, a paso más lento, quedaron rezagados después de unos kilómetros. En San Nicolás del Real Camino nos detuvimos a tomar un café. En realidad, solo habíamos caminado alrededor de seis kilómetros, pero era meritoria esta parada ya que era la última en la provincia de Palencia y había que darle una despedida a la noble región.

Nuestra próxima provincia en el Camino Francés era León, con una distancia por recorrer de 214 kilómetros posee el título de la más larga en el Camino Francés. Conociendo esta información el Camino parecía alargarse más y la meta parecía alejarse. Pero yo prefería pensar en lo andado en lugar de lo que faltaba por recorrer. Después de adelantar alrededor de 380 kilómetros, para mí, cada paso era un triunfo para celebrar.

Aprovechamos lo glorioso de la mañana en el trayecto para llegar temprano a Sahagún. Aquí teníamos que celebrar de nuevo porque era la primera parada en la provincia de León. Recargamos baterías y después de un largo descanso retomamos la ruta. Todavía había mucho camino por recorrer en esta etapa y sabíamos que muy pronto el calor desataría su furia sobre nosotros.

Avanzamos durante los próximos kilómctros sin mayor novedad, excepto el aburrimiento y el calor que a cada minuto se tornaba más candente. Al llegar a Bercianos del Real Camino hicimos nuestra próxima parada para descansar, tomar una cerveza y combatir el calor. Después de sellar e ir al baño nos disponíamos a salir y llegaban nuestros dos amigos peregrinos. Luego de saludarlos e intercambiar algunas palabras le deseamos buen camino y retomamos la ruta a El Burgo Ranero.

Los últimos siete kilómetros para llegar a nuestra meta, por el fuerte calor, parecieron interminables. Pero, alrededor de las cinco de la tarde hicimos nuestra entrada triunfal a El Burgo Ranero. Nos dirigimos directamente al albergue de peregrinos. Esta vez, sin una reservación, nos aparecimos en los predios del albergue del Burgo Ranero, Doménico Laffi, localizado frente a la Plaza Mayor. Alrededor del albergue había servicios esenciales de bares, restaurantes, farmacia, panadería, y cajero automático entre otros. Pero lo esencial para nosotros, por ahora, era una ducha y atender la ropa del día. El albergue estaba en muy buen estado y tenía servicio de lavadoras y secadoras, un lujo muy valioso para nosotros.

Después de un duchazo y habiéndonos preparado para el próximo día, nos fuimos a la calle a cenar y conocer algo del Burgo Ranero. Era aún muy temprano para la cena y la cocina del restaurante no estaba abierta todavía, de manera que después de una cerveza recorrimos las calles del pueblecito sin ningún rumbo en particular. En poco tiempo habíamos cubierto el área que compone el pequeño núcleo del Burgo Ranero. Andre quería tomar un brandy antes de la comida y lo acompañamos a un café donde los tres decidimos tomarnos un *Muntaner* que seguro vendría muy bien con la cena. El aperitivo estaba sabroso y Andre tomó un segundo trago. Muy cerca de las ocho de la noche nos dirigimos al restaurante, donde llegamos cuando estaba a punto de abrir la cocina.

Esa noche tenían en el menú *cocido maragato* y ambos amigos decidieron probar del cocido. Según la costumbre, maragata este es el único cocido que se come al revés. Esto se debe a que los arrieros maragatos, en su recorrido a través de España, llevaban carne de cerdo en envases circulares, las cuales mantenían frescas durante todo el día. Al llegar a la posada comían la carne primero y luego pedían un caldo caliente para digerir la comida. A mí, en cambio, no me pareció muy apetitoso el cocido y al final me decidí por un filete con patatas, de esta manera me iba a la segura con la comida. Sin embargo, cuando trajeron la cena lamenté no haber escogido el cocido que se veía exquisito, pero el filete no estuvo muy mal y, al final, los tres disfrutamos mucho la comida.

De vuelta en el albergue llamé a ver cómo se encontraba mi ángel. La noté más animada, y me dijo, que estaba mucho mejor, que ya había estado más tiempo fuera de la cama que en ella. Al parecer se recuperaba eficazmente y ya recobraba algo de sus fuerzas. Ambos celebramos con frases de júbilo las noticias de su mejoría y mis episodios en el Camino, entendiendo que el trabajo firme y constante tiene sus recompensas. Cuando me fui a descansar esa noche me sentía más relajado y con más entusiasmo. En el Camino se encuentran momentos adversos que no son otra cosa que lecciones de vida. Por otra parte, las recompensas con que somos premiados superan el sufrimiento y los no tan buenos momentos. Cuando se apagó la luz había paz, tranquilidad, y sosiego en mi corazón. Esa noche mi ángel del Camino estaría presente en mis sueños. Muy pronto pude dormirme esperando su aparición.

Capítulo X: Desde El Burgo Ranero a San Martín del Camino

Esa noche dormí toda la noche como un bebe. Hacía mucho tiempo no había dormido tanto. Nos levantamos muy temprano en la mañana del 6 de mayo. Lo más prudente era comenzar temprano, pues la jornada de hoy era de unos 37 kilómetros para llegar a León. Sin embargo, ni el calor, ni el aburrimiento, tampoco la distancia serían los obstáculos mayores con que teníamos que batallar en este día. Hoy el panorama era distinto; amaneció lloviendo copiosamente y teníamos que enfrentar el frío, la lluvia, el viento, y peor aún, la etapa de 37 kilómetros, en ocasiones impasable por la cantidad de lodo en el camino.

Temprano en la mañana salimos a la calle para desayunarnos y comenzar con la difícil tarea. En el café donde desayunamos ya había un grupo grande de nuestros amigos dispuestos a enfrentar las inclemencias del tiempo. Antes de salir a la calle todos permanecíamos atentos a lo que repetía una y otra vez el meteorólogo de la televisión local. El panorama, que él presentaba, no era muy alentador. Pero teníamos un compromiso con el Camino y había que cumplir con el deber noble de peregrino.

Todos los peregrinos allí presentes dejamos el café, envueltos con chubasqueros, algunos con paraguas, otros con sombreros para guarecerse de la lluvia, bolsas impermeables para las mochilas, guantes impermeables, etc.; parecíamos soldados que íbamos a guerrear. Pero no era para menos, en una etapa tan larga con condiciones adversas, había que estar armados hasta los dientes.

Cuando salimos del café sentí que el viento ayudado por el frio y la lluvia me daban una bofetada. Los paraguas de algunos amigos fueron inútiles ante la embestida del fuerte viento.

Con mucho esfuerzo y determinación tiré hacia adelante y me zambullí en aquel ambiente hostil. Las calles y aceras ya estaban atestadas de agua y no valía la pena esquivar los charcos. La parte urbana, por la ausencia de fango, sin embargo, probó ser la más generosa.

Cuando llegamos al camino había lodo en cada centímetro de la vía. Poco a poco nos fuimos aclimatando al adverso camino que se empeñaba en hacernos el paso difícil. El movimiento, por la cantidad de lodo, era lento y la lluvia acompañada del frío y el viento nublaban mi visión. Dada las circunstancias era difícil razonar y esto presentaba peligro... escenario idóneo para cometer errores.

Bajo estas condiciones amargas, después de pequeñas paradas durante el recorrido pudimos llegar a Reliegos. Antes de poder entrar en el café tuvimos que despojarnos de toda nuestra indumentaria que estaba empapada por la lluvia o embarrada por el fango de la vía. Aquí comimos algunas golosinas, tomamos café, sellamos credenciales, usamos las facilidades sanitarias y después de volver a empacarnos, con la indumentaria para la lluvia, retomamos el fangoso camino.

Las condiciones del tiempo no mejoraban y en ocasiones todo estaba inundado, lo cual hacía difícil encontrar paso para continuar la ruta. A veces, después de haber recorrido un trecho, no había salida y teníamos que regresar para encontrar una alternativa. Bajo este cuadro patético, no valía la pena ser de los primeros en el camino. A veces los de atrás esperaban por los valientes que iban adelante, para que ellos marcaran la ruta en el lodo a seguir.

Al llegar a Puente Villarente ya habíamos salido del lodazal y entramos adonde el camino era pedregoso. Eso trajo alivio del lodo, pero teníamos que meternos por los innumerables baches y las incómodas piedras. En esta localidad entramos a calentarnos y descansar un poco del arduo caminar para recargar pilas antes de enfilar el rumbo de nuevo a nuestro destino.

Mientras nos acercábamos a León ya el fango del camino había quedado atrás. Ahora solo quedaba luchar con una vía inundada, frío, viento, poca visibilidad y el cansancio debido a un trayecto que parecía no tener fin.

No sé cómo, pero al fin pudimos entrar en el entorno de la capital de la provincia, que lleva el mismo nombre y que también es parte de la comunidad autónoma de Castilla y León. Ahora faltaba batallar con la jungla de cemento para encontrar el albergue.

Cuando se deja un camino rural y se entra en una ciudad grande el panorama cambia y los sentidos suelen confundirse en lo que logramos aclimatarnos al nuevo ambiente. Por lo general nos descuidamos y caminamos embelesados y dominados por la novedad de la gran ciudad... nos volvemos tarados. Si añadimos condiciones climatológicas adversas a este panorama y bajamos la guardia, tenemos las condiciones perfectas para un lamentable accidente. Aquí es cuando los contratiempos en las ciudades grandes suelen ocurrir. Yo estaba muy consciente de este fenómeno y caminé manteniéndome a la expectativa todo el tiempo.

Para orientarnos, descansar y retomar las fuerzas, paramos en un bar a la entrada de la ciudad. Después de calentarnos con un rico café, antes de tirarnos a la calle de nuevo, pedimos al encargado del establecimiento papeles de periódicos usados. Por suerte el joven camarero no había reciclado periódicos viejos por varios días y tenía algunos amontonados en una esquina. Nosotros cargamos con todos los periódicos que pudimos. Estos iban a ser de gran utilidad para algunos de nosotros.

Una vez más nos tiramos a la calle bajo la lluvia incesante. Tuvimos que atravesar gran parte de la ciudad, protegiendo los periódicos para que no se mojaran, hasta llegar a la Plaza Santa María del Camino. Junto a la plaza estaba ubicado el Albergue del Monasterio de las Benedictinas; nuestro refugio por esta noche, el cual tenía un precio de 5 euros por noche.

Habiendo llegado muy tarde al alojamiento luego de registrarnos pasamos a las literas para prepararlas y dejarlas listas para el descanso de la noche. El próximo paso era lavar la ropa mojada y sucia llena de lodo, que recogimos a través del viaje. Tuvimos suerte ya que el alojamiento contaba con lavadoras y secadoras, por un costo de 4 euros cada una. Esta vez, las ropas estaban en mal estado por todo el lodo que habían acumulado y lavamos individualmente cada uno de nosotros, lavando su ropa por separado.

Mientras las ropas se lavaban nos dimos a la tarea de preparar las botas para el día siguiente. Los albergues, por lo general, guardan periódicos viejos para días de lluvia como este. Con ellos se puede rellenar las botas para que absorban la humedad y estén secas en la mañana. Pero tal como lo sospechábamos, todos los periódicos que había en el albergue fueron usados por los primeros peregrinos que llegaron para rellenar sus botas y ya no quedaba papel para los peregrinos que llegaron más tarde. Con los periódicos que trajimos del café hicimos bolas para meterlas en las botas y rellenarlas. Después de dejar nuestras botas listas para que se secaran sobró mucho periódico y fue utilizado por otros peregrinos que no tenían con que rellenar sus calzados.

Después de una rica ducha quedaba una última tarea que completar, la cena. Aunque seguía lloviendo teníamos que cenar y recuperar fuerzas para la fase del día siguiente. Como el restaurante no estaba muy lejos, a pesar de la insistente lluvia, Juan y Andre retaron el aguacero y llegaron hasta el mesón.

Yo, sin embargo, decidí no desafiar el mal tiempo y me quedé en el albergue a descansar. Por suerte, en el hospedaje había varias máquinas con golosinas y algunos refrescos. Teniendo suficientes euros en monedas me alcanzó para retirar algunas barras de "manjares de máquinas" y un par de jugos de naranja... mi cena gourmet de la noche. Al regresar mis amigos me contaron que disfrutaron mucho del menú del peregrino que había en el mesón. Por 9 euros ofrecían un plato de *lasaña de carne* el cual, a juicio de Juan, "valía la pena enfrentarse al mal tiempo para disfrutar el delicioso plato italiano". Yo en cambio pensaba que fue mejor disfrutar de un manjar de máquinas sin tener que exponerme al feroz temporal.

Sin poder salir del albergue a conocer la ciudad, y estando todos sumamente agotados por la gran hazaña del día, decidimos ir a descansar. Tampoco hoy pude enviarle un mensaje a Gisselle, pero así pasa cuando nos desconectamos del mundo para conectarnos con la naturaleza. Tenía que aceptar lo que el Camino había deparado para mí y así lo hice. Con la esperanza de que el nuevo día llegara con agradables sorpresas y agradecido por todo lo que hasta ahora había recibido en el Camino di gracias a Dios y quedé profundamente dormido.

Como era ya costumbre Juan se levantó muy temprano en la mañana. Cuando lo escuché también me levanté seguido por Andre que hizo lo mismo. En poco tiempo nos organizamos para salir a desayunar y emprender de nuevo el camino. La jornada de hoy era de unos 25 kilómetros y aunque había poco o ningún desnivel, pensé que la vía estaría en malas condiciones por la tormenta del día anterior.

Al salir a la calle hacía frío y todavía estaba lloviznando, sin embargo, el temporal ya había pasado. Caminando por calles pavimentadas, aceras en muy buenas condiciones y la ausencia de lodo el recorrido se hacía menos difícil. Los ríos estaban muy crecidos y las calles todavía estaban llenas de agua. Era palpable ver la gente de la ciudad malhumorada darse prisa de un sitio a otro como tratando de huir de alguna amenaza y me pareció que la ciudad, bajo esas condiciones, perdía su encanto. Pensé que lo más sensato, por ahora, era salir de aquel monte de concreto y buscar refugio en el bosque. León (lo poco que pude ver) era una ciudad hermosa, pero el exceso de lluvia al parecer molestó a algunos de sus habitantes y creo que eso empañaba sus encantos. Salía de aquella gran ciudad sin conocerla y en otra ocasión bajo otras circunstancias sé que la disfrutaría mucho. Habría que dejar en agenda una futura visita.

Con estos pensamientos cruzando calles sumergidas de agua llegamos al café donde, junto a otros peregrinos que miraban el canal del tiempo en la televisión, desayunamos antes de continuar la marcha. Desconociendo que nos deparaba la meseta en esta próxima interminable jornada y sabiendo que la etapa era larga comimos un buen desayuno antes de salir a caminar.

Tardamos unos cuarenta y cinco minutos para salir de la ciudad. Parte de ellos se los dedicamos a admirar la Gran Catedral de Santa María de Regla de León. Por suerte nos quedaba en el camino y tuvimos la dicha de admirar esta joya de estilo gótico que tuvo sus comienzos en el siglo XIII. La "Bella Leonesa", como se le conoce, es toda una maravilla arquitectónica y merece una extensa visita. Lástima que en esta ocasión no pudimos quedarnos mucho tiempo. Después de varios minutos admirando este maravilloso monumento, con mucha pena, poco a poco comenzamos a dejar atrás esta gran ciudad. Había que sacar tiempo suficiente en una próxima ocasión para, con mucho respeto, dedicarle a esta hermosa ciudad el tiempo del cual era merecedora y ameritaba.

Cuando ya la linda ciudad comenzaba a alejarse de nosotros paró de lloviznar y adentrándonos en áreas rurales el sol daba la pelea con algunas nubes para darnos la bienvenida al camino. Hicimos una corta parada mientras removíamos el equipo que teníamos puesto para la lluvia y ponernos cómodo para la larga etapa que teníamos adelante. Media hora más tarde el sol brillaba en el horizonte casi sin ningún indicio de que el día y la noche antes habían presenciado una furiosa tormenta en la vecindad. Por ahora, había que aprovechar el regalo que nos hacia la Madre Naturaleza y nos acomodábamos para disfrutar el camino.

Dos horas y media después de haber dejado el albergue, al llegar a Virgen del Camino, paramos a descansar. Aunque ya no estaba el frío del día anterior, un cafecito caliente estimulaba nuestros sentidos. Compartimos una mesa con varios amigos peregrinos quienes disfrutaban de un café y una que otra bollería. Nosotros tres, también pedimos café y pan tostado, mientras escuchábamos y comentábamos las historias de la etapa anterior... algo para recordar y comentar por mucho tiempo.

Saliendo del bar dos peregrinos se unieron a nosotros y continuamos hablando sobre los acontecimientos de la etapa del Burgo Ranero a León del día anterior. Caminamos junto a nuestros amigos en medio de aquellas charlas que poco a poco se fueron desinflando hasta quedar en el abandono. Después de caminar por algunos kilómetros apareció el silencio y cada uno quedó en su mundo. Era tiempo para meditar y absorber lo que habíamos vivido. El camino era propicio para la introspección y reflexión excepto en ocasiones que caminábamos paralelo a la Nacional 120, que cruza de Vigo a Logroño, por el ruido del tránsito en la vía se hacía difícil la meditación.

Sin incidentes y casi sin notarlo llegamos a Villadangos del Páramo; habíamos caminado 9 kilómetros desde la última parada y ya se hacía meritorio un descanso. Los cinco ocupamos una mesa afuera de un pequeño café que había, para descansar, tomar una cerveza y mirar a los peregrinos que entraban al bar, o a los que optaban por no parar y continuar su viaje. Terminada la cerveza, después de una parada en el baño Juan, Andre y yo retomamos el camino, mientras nuestros amigos decidieron quedarse en el bar a tomar otra bebida.

El descanso y la cerveza revivieron nuestro entusiasmo y comenzamos esta última parte del camino con mucho ánimo y algarabía. No era tiempo para meditar, nos acercábamos a nuestra meta y había que alegrarse. En medio de este jolgorio, alrededor de las dos de la tarde, nos dio la bienvenida el primer café de San Martín del Camino. Hicimos una parada para recargar baterías y tomar una última cerveza en la etapa antes de llegar a nuestra morada.

Cuando salimos del bar nos dirigimos directamente al albergue Santa Ana, donde Juan había hecho una reservación para tres. A eso de las tres y treinta ya habíamos cumplido con los requisitos de registro, sellar y pagar los 6 euros que costaba dormir en una litera. Una vez duchados usamos las facilidades de lavadora y secadora para dejar todo listo antes de salir a cenar. Esta vez pudimos lavar y secar toda la ropa que teníamos en una sola lavadora y secadora. Entre los tres ahorrábamos unos dieciséis euros para un par de botellas de vino.

Luego de dejar todo listo en el hospedaje, sin preocuparnos con ningún quehacer en el albergue, salimos a conocer el pequeño pueblo, el cual recorrimos en poco tiempo. Mientras esperábamos la hora de cenar fuimos a tomar un helado y nos sentamos en la plaza donde se veían llegar los peregrinos que venían en la misma ola que la de nosotros, pero que arribaban un poco más tarde.

Luego fuimos caminando hasta el restaurante donde nos sentamos cerca a otros peregrinos quienes recién habían llegado y se disponían a cenar. El mesón no tenía un menú del peregrino, pero nuestros amigos peregrinos habían ordenado *bacalao al ajoarriero*. Juan conocía sobre la excelencia del plato y nos lo recomendó. Nos explicó que el bacalao se confeccionaba con verduras y era muy suculento. Los tres nos decidimos por el típico plato el cual servían en una cazuela de barro.

Mientras llegaba la cena, Andre aprovechó para ir al baño. Poco después a Juan le entró una llamada de su familia, querían saber cómo le iba en su recorrido. Yo aproveché para llamar a Gisselle y contarle la gran odisea del día anterior. Contestó el teléfono al tercer timbrazo y era evidente el entusiasmo que le causaba mi llamada. Me dijo que ya estaba mucho mejor, había dejado su "tratamiento" de sopas a un lado y estaba comiendo alimentos más sólidos... excelente noticia. En el poco tiempo que tuve, antes de que llegara la comida, le platiqué un poco a mi ángel, lo que pude de la travesía del día anterior y no lo podía creer (yo tampoco). Le dije que más adelante le escribiría para contarle con lujo de detalles, pero que pronto nos servirían la cena y estaba ya casi listo para comer. En el albergue, posiblemente no habría servicio de Wi-Fi a la hora que llegáramos y tenía que despedirme desde el restaurante. Un poco sentida porque apenas se había podido comunicar conmigo, pero razonando que así es el Camino y que ya tendríamos mucho tiempo para hablar y contarnos sobre las cosas que seguían apareciendo en nuestro recorrido por el Camino y por la vida. La magia del Camino estaba presente en nuestras vidas.

Capítulo XI: Desde San Martín del Camino a Foncebadón

En la mañana del 8 de mayo, después del desayuno, salimos del café cerca a nuestro albergue en dirección a Astorga. La mañana se presentó clara y despejada, excelente para hacer la travesía de 24 kilómetros y llegar a nuestro destino. Todo indicaba que la ruta de hoy sería nuestro último regalo de la llanura. En este tramo concluíamos con nuestra misión en la meseta y comenzábamos con las temibles pendientes.

Dejando atrás a San Martín del Camino nos adentramos por cultivos de maíz y otras cosechas, pero acompañados por el sonido que dejaban los vehículos cuando pasaban por la carretera Nacional 120, la cual nos acompañaría por parte del camino.

Aunque habíamos caminado solamente siete kilómetros, el trayecto de hoy era relativamente corto y sin mayores contratiempos, de manera que con un paso moderado nos dedicamos a disfrutar las bellezas del campo. Paso a paso nos fuimos acercando hasta llegar a nuestra primera parada en Villares de Órbigo. Algunos de nuestros amigos ya habían hecho su primera parada en el café de la localidad y se disponían a retomar el camino. Hicimos un alto que duró escasamente diez minutos para satisfacer algunas necesidades y tomar un respiro en el trayecto. Cuando revisé mis mensajes había uno que decía: "de regreso al trabajo, te quiero".

Al parecer Gisselle había mejorado bastante y eso hacia mi carga en el camino más liviana. Parecería que el "paseíto" de hoy seguía mejorando. Luego de pagar por lo consumido y sellar, con nuevos bríos, volvimos a caminar.

En poco tiempo cruzábamos por la pequeña comunidad de Santibáñez de Valdeiglesias. Es en esta comunidad que se celebra, todos los veranos, el mundialmente famoso *maizal-laberinto de Santibáñez de Valdeiglesias*. Cada año participan, en las fiestas, personas de todas las edades y de todas partes del mundo. Durante este evento se crean juegos, concursos y acertijos para los participantes. Este gran acontecimiento es muy popular entre los peregrinos que pasan por la localidad durante esa época, muchos de los cuales hacen un alto para participar del espectáculo.

Es en esta parte del camino es que entramos al bosque y nos da la bienvenida las primeras rompepiernas. Aunque un poco apacible, el primer serrucho de pendientes aparece justamente en esta localidad de Santibáñez de Valdeiglesias. El desnivel no es mucho, tal vez unos 100 metros, pero siendo las primeras pendientes después de muchos días se deja sentir. De ahora en adelante tenemos que estar prevenidos porque las verdaderas rompepiernas comienzan después de nuestra meta de hoy.

El camino, sin embargo, se mostraba amistoso y recorríamos a paso lento, pero constante, a través de árboles que daban legitimidad al Camino. Después de hacer nuestro primer gran descenso llegamos a San Justo de la Vega, donde hicimos una parada antes de llegar a nuestro destino. En el café nos reunimos con varios amigos a charlar mientras tomábamos una cerveza. Me dio mucho gusto ver a Carlos Rodrigues, a quien no había visto por varias etapas. Con mi amigo peregrino y otros tuvimos un pequeño festejo. Había que celebrar el haber cruzado la meseta. Con este gran logro nos acercábamos más a nuestro objetivo de llegar a Santiago de Compostela.

En poco tiempo, después de dejar el café, entramos en la localidad de Astorga. Caminamos por varios minutos hasta llegar al albergue Siervas de María, un convento muy amplio, limpio y cómodo. El hospedaje no tenía literas, lo cual quería decir que todos sus huéspedes dormían en camas comunes. No había que preocuparse por subir a dormir en la parte de arriba de una litera. Esto siempre es agradecido por peregrinos cansados que disfrutan el lujo de una cama común, especialmente en la noche si hay necesidad de ir al baño.

Pagamos la tarifa de 5 euros, sellamos y después de dejar las camas listas fuimos directamente a las regaderas para sacarnos las dolamas del camino y la mugre acumulada, con una ducha caliente. El siguiente paso fue lavar ropas en lavadoras y secadoras que había en el hospedaje, las cuales tenían un costo de 3 euros cada una. De nuevo lavamos toda la ropa que teníamos los tres en una misma lavadora y secadora. Esto resultó en un ahorro de 12 euros, suficiente para dos botellas de vino. Una vez cumplida la misión de fin de etapa nos tiramos a la calle a disfrutar de las amenidades que ofrece esta gran ciudad. La bella metrópolis tiene mucho que ofrecer al viajero. Como en casi toda ciudad grande, aquí se podía encontrar un restaurante abierto para servir al viajero a casi cualquier hora del día. Aprovechamos el beneficio de restaurantes ya operando para cenar temprano y luego, sin prisa ni compromisos, podíamos relajarnos y dedicarnos al deleite que tenía que ofrecer nuestra ciudad anfitriona.

Aunque era temprano, nos detuvimos en el restaurante Las Murallas para cenar. Tenía buena pinta y aunque no tenían menú del peregrino los precios parecían razonables. Juan ordenó un filete, el cual se veía muy apetitoso. Andre se decidió por espagueti a la carbonara mientras yo elegí el rodaballo. En lo que esperábamos por la cena Juan y Andre decidieron enviarles mensajes a sus familias. Yo aproveché para leer algunos recados de Gisselle y enviarle información de donde estábamos y cómo había sido el trayecto de San Martín del Camino a Astorga. Charlamos unos minutos por chat y le conté muy brevemente sobre la fase de hoy y lo lindo que era Astorga. Percibí que mi ángel estaba en buen ánimo y eso hacía que yo me reanimara y disfrutara más del entorno. Cuando llegó mi rodaballo tuve que despedirme de Gisselle sabiendo que, al otro día, de encontrar Wi-Fi en algún lugar, volveríamos a estar en comunicación. Por ahora teníamos que conformarnos con lo que nos proveía el Camino.

La comida estuvo sabrosa y mis amigos y yo conversamos por un corto tiempo después de la cena. Luego salimos a la calle a conocer y explorar la ciudad. Mientras hacíamos el recorrido por la localidad continuamos con nuestra conversación. Había mucho que ver y hacer en Astorga y teníamos poco tiempo. Una de las primeras cosas que hice fue recorrer varias tiendas de chocolates. El chocolate es una de mis debilidades y mis compañeros, muy gentilmente, me acompañaron en el paseo por las tiendas que lo ofrecían. La variedad de este manjar, donde se podía encontrar varios matices de colores y sabores, estaba presente en cada esquina. Nos trasladamos de un establecimiento a otro por un tiempo antes de seguir caminando hacia otros intereses.

Nuestra visita a otras partes de la ciudad fue muy corta. Se hacía tarde y teníamos que hacer una visita al Palacio Episcopal de Astorga. Este impresionante edificio neogótico fue construido por el famoso arquitecto Antoni Gaudí. En el edificio se encuentra el Museo de los Caminos y el mismo está dedicado al Camino de Santiago de Compostela. Obviamente una visita al Palacio era imprescindible.

Nuestra última visita fue a la Diócesis de Astorga. Este edificio, el cuál fue construido en el siglo III y es uno de los más antiguos de España, es un templo muy majestuoso. Lamentablemente, aunque se nos permitió entrar en el edificio, la hora de visita ya había terminado y tuvimos que conformarnos con verlo de lejos. Este ícono de Astorga, también, quedaba en agenda para una futura inspección.

Luego de esta visita nos fuimos caminando lentamente y sin prisa hacia el albergue. En una calle muy cerca al hospedaje nos encontramos con una joven que lloraba sin parar, fue difícil entenderla porque el llanto no la dejaba hablar con claridad, cuando se pudo calmar nos dijo que era una peregrina proveniente de Alemania, hacía apenas unas horas había llegado a Astorga y no sabía qué hacer o donde ir; la calmamos un poco y le dijimos que en el albergue donde nos hospedábamos había lugar para ella. Nos acompañó al convento y allí fue recibida por una religiosa, quien la atendió muy bien haciéndola sentir como en su casa. Después de instalarse y ducharse, compartimos un rato con la nueva amiga y nos dijo que se llamaba Anne Topfer. Como empezaba el Camino en Astorga y el próximo día sería su primera etapa, le hablamos un poco de nuestras experiencias en el Camino, se sintió muy cómoda con nuestra compañía y nos preguntó que si le permitíamos caminar con nosotros. Por supuesto que la aceptamos, nos sentimos alagados y creímos que necesitaría un poco de experiencia y conocimiento en lo que se acostumbraba a caminar sola. Aquí nació el cuarteto de peregrinos que duró por algunas etapas.

En la mañana salimos juntos para pasar a desayunar a un café cercano al albergue. Los cuatro ocupamos una mesa en una esquina cerca a otros peregrinos que ya habían comenzado a desayunar. Entre los presentes había algunas caras nuevas. Esto se debió, tal vez, a que Astorga es el enlace para peregrinos del Camino Francés con peregrinos que llegan por el Camino Vía de la Plata. Además, Astorga es un punto el cual es el comienzo de muchos peregrinos (como era el caso de Anne).

Mientras desayunábamos conversábamos con nuestra nueva amiga, orientándola un poco sobre que podía esperar en el camino. Ella estaba muy ilusionada y ansiosa por comenzar a caminar. Pronto el nuevo miembro del grupo estaría a prueba, el punto que había escogido nuestra amiga peregrina para comenzar su Camino, en Astorga, era el lugar donde comenzaban las temibles rompepiernas.

La temperatura de 18°C y un sol brillante eran condiciones ideales para caminar los 26 kilómetros que había para llegar a Foncebadón. En esta primera etapa, después de dejar la meseta, comenzamos subiendo al salir de Astorga y todo el camino fue en ascenso. Al llegar a nuestra meta del día habríamos superado los 1000 metros de altura... y esto era solo el comienzo.

Cuando quedaba la ciudad atrás comenzamos a subir gradualmente, pero esto cambiaría a la mitad de la etapa. Nuestra nueva compañera se adaptaba muy bien a los vaivenes del camino y parecía estar disfrutándolo. Entre Juan, Andre y yo nos ocupamos de mantenerla activa conversando de diferentes temas, con el propósito de mantenerla ocupada y que comenzara a encontrar su lugar en el Camino. Anne se acomodaba muy bien a las pendientes y dejaba ver su buen estado físico y su juventud. La peregrina, Juan y yo mantuvimos un paso unisonó, mientras que Andre se mantuvo en la retaguardia por gran parte de la etapa.

Después de haber caminado varios kilómetros decidimos desviarnos un kilómetro para ir a visitar y conocer el Castrillo de los Polvazare. Este edificio jugó un papel muy importante para los arrieros maragatos de los siglos XVI al XIX. En el edificio es notable sus estructuras con amplias puertas, patios interiores y grandes bodegas diseñadas para dar paso a carros tirados por mulas que se empleaban para el comercio maragato.

Los arrieros de la comarca Maragatos, situada en la provincia de León muy cerca de Astorga, obtuvieron sus riquezas e influencias con el comercio de vinos, pescado, carbón, embutidos, y productos de matanza entre otros. Cabe destacar que esta noble cultura maragata es conocida en la región por sus costumbres y tradiciones, entre las cuales sobresalen sus comidas típicas y su música.

Cuando llegamos al Castrillo había un grupo de jóvenes que tomaban fotos del edificio. Para sorpresa de Anne los jóvenes eran procedentes de Alemania y después de saludarlos hubo gran camaradería entre la peregrina y los jóvenes quienes comenzaron a conversar en alemán, haciendo que nuestra amiga se sintiera más cómoda y a gusto. Anne comenzaba con una experiencia positiva del camino, nos alegramos porque esto le daba seguridad.

Luego de una media hora en el Castrillo, regresamos al camino y comenzamos de nuevo a ascender la interminable cuesta en dirección a Foncebadón. No había prisa por llegar y dedicamos nuestro tiempo a conversaciones efímeras y al disfrute del paisaje. Poco a poco nos fuimos acercando hasta llegar al poblado de El Ganso. Aquí nos detuvimos para tomar un breve descanso y beber un café. Dejamos nuestras mochilas a la entrada del bar y ocupamos una mesa cerca al fondo, frente a una ventana de cristal donde se veía el desfile de peregrinos camino a Rabanal del Camino o a Foncebadón, cualquiera que fuera su destino. Después de tomar café y comer alguna pastelería, al pagar por lo consumido, Anne fue obsequiada por su segundo regalo en el Camino. Le pedí al camarero sellar nuestras credenciales y esta era la segunda vez que la credencial de nuestra amiga era sellada. El primer sello lo obtuvo en el albergue donde nos hospedamos. Este segundo premio, por el esfuerzo hasta ahora realizado en el Camino, dio una enorme sonrisa a la peregrina.

De vuelta al camino la pendiente comenzó a agudizarse y el esfuerzo era mayor para subir la interminable cuesta. Como en kilómetros anteriores los tres nos mantuvimos unidos, mientras Andre venia rezagado.

En Rabanal del Camino, de nuevo tuvimos que tomar un respiro. Esto dio tiempo a Andre para que se emparejara con nosotros y salir todos juntos a Foncebadón. En Rabanal, nos topamos con muchos de nuestros amigos, algunos de los cuales pernoctarían en esta vecindad. En el bar tomamos una cerveza y usamos el baño antes de seguir subiendo la empinada. En el café nuestra amiga pidió al camarero le sellara su credencial. La peregrina aprendía muy rápido las peripecias del Camino.

Después de Rabanal del Camino teníamos unos seis kilómetros para llegar a Foncebadón. No era mucho, pero eran los kilómetros de más ascendencia en toda la etapa. A pesar de la dureza de estos últimos kilómetros, el viaje había sido cómodo y los cuatro estábamos en buen espíritu, un esfuercito más y completábamos la fase del día.

La etapa fue muy colorida topándonos con muchos de nuestros amigos a lo largo de ella. El clima se mantuvo agradable y casi toda la ruta estaba llena de lindos parajes. A todo esto, le sumábamos el poder compartir con una nueva amiga, la cual resulto ser una ganancia para el grupo. De esta manera, y casi sin notarlo, los cinco peregrinos (no podemos olvidar que mi ángel invisible era parte del grupo) hicimos la entrada al pequeño pueblo de Foncebadón.

Nos dirigimos al albergue el Convento de Foncebadón, donde sellamos, aseguramos literas y como el albergue tenía servicio de restaurante dejamos pago la cena y el desayuno. El hospedaje era muy amplio con facilidades de bar, Wi-Fi en todas las áreas y un jardín muy cómodo con vista a la montaña.

Después de dejar todo listo para la etapa del día siguiente nos reunimos en el jardín los cuatro, junto a otros peregrinos, donde pasamos una tarde hermosa. Compartimos unas cervezas y conversamos de muchos temas, solidificando una bonita amistad de hermandad peregrina.

La tarde y las amistades eran muy agradables y quise compartir con Gisselle aquellos agradables momentos. Como había buena conexión de internet, después de compartir por largo rato con mis amigos, me fui a dar una vuelta por el jardín y aprovaché para llamar a Gisselle. Hablamos por mucho rato y le pude contar, con lujo de detalles, los sucesos de los últimos días en el recorrido hasta Foncebadón. Ella, también, me puso al día sobre su condición de salud. Ya había mejorado bastante y poco a poco retomaba sus ejercicios y caminatas en preparación para su futuro viaje al Camino. Ambos estábamos ansiosos porque el Camino cada vez se acercaba más a su fin, aunque todavía quedaba un largo trecho por recorrer y muchas aventuras por vivir. Mientras tanto yo me encontraba en una encrucijada, disfrutaba mucho el Camino y no quería llegar al final, por otro lado, quería terminar con este camino para poder regresar a mi patria y comenzar con el próximo recorrido junto a mi ángel. Por ahora el Camino no acababa y estaba determinado a disfrutar cada instante que me quedaba por caminar. Ya habría tiempo, más adelante, para comenzar otro camino.

Cuando me despedí de Gisselle me dirigí directamente al comedor donde ya estaba por comenzar la cena y algunos peregrinos ya habían ocupado sus lugares para cenar. Andre, Juan y Anne ocupaban una mesa para cuatro y me habían asegurado un espacio. Pregunté que si ya habían visto el menú y me dijeron que el *cocido maragato* se veía exquisito. "Entonces celebremos nuestra estadía en Foncebadón con cocido" fue mi declaración. Todos estuvimos de acuerdo y disfrutamos de un excelente plato el cual completamos con un orujo de hierbas.

Luego de una breve sobremesa nos fuimos a recorrer los predios del albergue. Lo poco que había que ver en el pequeño pueblo ya lo habíamos visto camino al hospedaje y decidimos quedarnos a conversar en el albergue, tal y como lo habíamos hecho en la tarde cuando llegamos. La conversación que, junto a otros peregrinos mantuvimos hasta que era hora de retirase a descansar, estuvo muy interesante. Como siempre no podían faltar los temas relacionados al país de origen de cada peregrino. La curiosidad por conocer sobre la historia y cultura de otros países siempre fue tema de conversación en muchas de estas tertulias.

El mismo jardín que nos dio la bienvenida a Foncebadón ahora era escenario de nuestra despedida. Se hacía tarde y había que descansar. Nuestro próximo trazado nos llevaba a Ponferrada y la etapa parecía súper interesante.

Capítulo XII: Desde Foncebadón a O Cebreiro

Luego de organizarnos para el recorrido del día 10 de mayo paramos en el restaurante a desayunar. Salimos rumbo a nuestro destino que estaba a 27 kilómetros de Foncebadón; esa memorable mañana del mes de mayo amaneció más frío que de costumbre, además, el cielo estaba nublado y había amenaza de lluvia. Continuamos con mucho ánimo y determinación la subida que habíamos dejado el día antes. Después de unos quince minutos de camino comenzó a lloviznar, por lo que decididos parar a cubrir las mochilas con bolsas para la lluvia y ponernos nuestros chubasqueros. Continuamos el camino, la lluvia se envalentonaba a cada paso, el viento, al parecer, se hizo cómplice de la borrasca y comenzó a atacarnos de todos los flancos.

Cuando nos aproximamos a la Cruz de Ferro; la intensidad de la lluvia, el viento que nublaba nuestra visión y la tensa neblina apenas nos dejaba ver el simbólico ícono. A pesar de las condiciones adversas seguimos subiendo hasta que, por fin, alcanzamos la Cruz. Esta figura se encuentra a unos 1,500 metros de altura sobre el nivel del mar, entre los pueblos de Foncebadón y Manjarín. Hay un sin número de leyendas, tradiciones y simbolismos sobre La Cruz de Ferro; una de estas leyendas cuenta que cuando estaban por construir la Catedral de Santiago de Compostela se le pedía a cada peregrino una contribución para su construcción, la aportación consistía en traer una piedra desde el lugar donde el peregrino originaba su peregrinaje. Fue así como, eventualmente, se reunieron suficientes piedras para la edificación de la iglesia.

En la actualidad, por tradición, cada peregrino trae una (o varias) piedras y las deposita en la base de la Cruz. Simbólicamente, el peregrino al dejar la piedra está dejando un peso que hasta entonces le molestaba y del cual se libera. En mi caso particular, combatí contra las inclemencias del tiempo para llegar a la Cruz y depositar tres piedritas que llevaba desde Puerto Rico. Yo había identificado cada una de aquellas piedras con una carga que venía arrastrando por algún tiempo, al depositar bajo la cruz aquel lastre me estaba liberando del bagaje que venía acarreando durante parte de mi vida.

La lluvia no amainaba y el clima comenzó a tornarse más frío. Con mucho cuidado y delicadeza nos turnamos uno a uno para subir a la montaña de piedras depositadas por los peregrinos que por allí pasaron a través de los años. Después de hacer nuestra aportación, buscamos refugio en un ranchón, el cual era el centro de bienvenida para los peregrinos que allí llegan.

Esperamos una media hora, resguardados en el salón de bienvenida, para ver si el tiempo mejoraba, pero fue todo lo contrario a cada rato se tornaba más frío, hasta el punto en el que comenzó a caer nieve mojada. Como el clima iba de mal en peor, decidimos aventurarnos y comenzar a bajar hacia Ponferrada. En lugar de descender por el bosque decidimos bajar por la carretera, donde el camino es menos peligroso, más transitado y no es tan solitario, fue una buena decisión. Siguió bajando la temperatura y la nieve mojada que caía en el asfalto lo tornaba resbaladizo. A pesar de los chubasqueros que teníamos, estábamos empapados hasta la ropa interior, para no congelarnos y evitar hipotermia teníamos que mantenernos caminando lo más rápido posible y así entrar en calor, pero el asfalto, lleno de nieve, hacía la tarea de caminar muy difícil; por el frío y la nevada tan grande, la carretera se tornó casi intransitable. Paulatinamente, la nieve mojada, que cubría el camino comenzó a congelarse, haciendo que el caminar fuese dificultoso, además, teníamos miedo de resbalar e ir a parar debajo de uno de los automóviles que subían a toda prisa. A cada minuto bajaba más la temperatura, la nieve se volvía más espesa y la visibilidad era menos, hubo pánico y algunos de los peregrinos optaron por llamar taxis para que los bajaran a un sitio seguro. Por un espacio de treinta a cuarenta y cinco minutos el camino se llenó de taxis sacando a peregrinos de la vía para llevarlos a sitios seguros; no obstante, las condiciones se deterioraron tanto que hasta la transportación se dificultó. Eventualmente paró el tránsito de automóviles y quedamos varados en el camino a merced de nuestra suerte.

Fue así como cansados, casi congelados, mojados hasta los huesos y tiritando llegamos al café de Manjarín, el cual estaba repleto de peregrinos; allí nos acercamos a una enorme chimenea que había en el local para tomar un coñac y calentarnos.

Mientras tomábamos coñac y café caliente escuchamos varias historias que sucedieron ese inolvidable día del mes de mayo del año 2016. Escuché que tres amigas decidieron bajar por el bosque y estuvieron perdidas en el camino cubierto de nieve, por varias horas; afortunadamente, dos peregrinos, que también bajaron por el sendero del bosque, las encontraron y lograron rescatarlas. Días después, se hablaba de una joven que tardó mucho en bajar de Foncebadón y le dio gangrena en una mano, aunque esta última historia no se pudo corroborar. Fue un milagro que no ocurriera ninguna tragedia aquel fatídico día que bajamos de la Cruz de Ferro bajo un espantoso temporal.

Después de un largo y merecido descanso junto a la chimenea del café, estábamos listos para continuar nuestra odisea. Comenzamos a bajar la pendiente rumbo a Ponferrada con mucho entusiasmo y alegría porque habíamos salido ilesos de aquella pesadilla. El camino, por la carretera de asfalto desde Manjarín a Ponferrada, estaba en mejores condiciones que el tramo anterior. Bajamos sin mayores contratiempos hasta alcanzar nuestro destino al final de la jornada de este, por siempre recordado, día.

Llegamos tarde al Albergue de peregrinos San Nicolás de Flüe, pero con tiempo suficiente para registrarnos y pagar por pernoctar allí esa noche. Debo aclarar que el albergue no cobraba una cuota fija por pasar la noche en las facilidades. Más bien "la tarifa" era voluntaria y en estos casos el peregrino suele dejar lo que crea es una donación justa. La tarifa promedio de un albergue público es de 6 euros y esto da al peregrino una idea de cuánto donar cuando el albergue no cobra una tarifa al peregrino.

Después de haber realizado las tareas rutinarias de fin de jornada, esto claro está incluía rellenar las botas con papel de periódico para que estuvieran listas a la mañana siguiente, apenas tuvimos tiempo para salir a comer un bocado y regresar a dormir.

Cuando salimos a la calle vimos que en una misma manzana cerca al hospedaje había alrededor de cuatro pizzerías y decidimos entrar a una de ellas para comer algo diferente en esta jornada. Compartimos una pizza grande entre todos, la cual acompañamos con cervezas. La pizza no se podía catalogar como exquisita, pero bajo las circunstancias cubría una necesidad y requeríamos las energías que habíamos perdido en la odisea del día.

Lamentablemente después de la cena, como habíamos llegado más tarde de lo que regularmente llegábamos a los albergues, no tuvimos tiempo de conocer Ponferrada; tal vez por la mañana, en ruta a nuestro próximo destino, podríamos ver algo del pueblo.

De vuelta al hospedaje me fui a la cama pensando que al día siguiente teníamos un tramo de Ponferrada a Villafranca del Bierzo de unos 24 kilómetros. Habría que esperar la mañana siguiente para ver que sorpresa tendría para nosotros esta nueva etapa.

Tempranito en la mañana cuando Juan y yo entramos al café a desayunar nos encontramos con una pareja de coreanos la cual no habíamos visto por algunas etapas. Compartimos con ellos el desayuno mientras comentábamos los sucesos del día anterior. Por suerte ellos habían bajado de la Cruz de Ferro muy temprano y pudieron evitar casi todo el mal tiempo, con el cual la gran mayoría de nosotros tuvo que batallar. Este día, sin embargo, era más benigno que el histórico tiempo que tuvimos el día anterior. La mañana se presentó un poco fría con una temperatura de 14 grados, pero la lluvia y la nieve habían cesado durante la noche y la mañana estaba más clara. Bendecidos por un nuevo día y un panorama diferente salimos a enfrentar la aventura del día.

Había mucho que ver y hacer en Ponferrada, pero el mal tiempo del día anterior no era parte de nuestros planes y tuvimos que abandonar la ciudad sin visitar algunas de sus grandezas. Aunque no pudimos visitarlo, pasamos frente al Castillo de los Templarios y también pasamos cerca del Museo de la Energía, al cual lamentamos no haber podido entrar pues, hubiese sido interesante ver como producían la electricidad en antaño. Por desgracia, no se puede acaparar todo lo que hay en el Camino... siempre habrá una próxima ocasión.

En Ponferrada perdimos a dos miembros del grupo, Andre se quedó rezagado y no quiso que esperáramos por él, Anne se sentía muy cómoda y decidió levantarse temprano para hacer esta próxima etapa sin compañía. Se aprende muy rápido en el Camino y ella era una buena alumna; nosotros nos alegramos mucho de que nuestra amiga tomara la decisión para vivir una nueva experiencia, pues de eso se trata el Camino. Como suele ocurrir con los peregrinos que conocemos en el Camino, con frecuencia tropezábamos con ella, muchas veces compartimos un café, vino o una cerveza, mientras con júbilo, nos contaba sus experiencias del Camino y varias veces nos dio consejos de que ver o hacer en tal o cual sitio. Anne ya no era aquella niñita llorosa que encontramos, llena de miedo en una calle de Astorga, ahora era una chica confiada en sí misma, llena de entusiasmo y lista para conquistar cualquier obstáculo que se le presentase a su paso. Como es sabido, el Camino provee y nos ayuda a madurar, nuestra amiga era un vivo ejemplo de ello.

Fuera de la ciudad recorríamos, junto a la pareja de coreanos, por campos muy pintorescos con innumerables vides en el camino. Los primeros diez kilómetros no marcaban desnivel significante y transcurrieron sin mayor incidente. Después de casi dos horas de camino llegamos a Camponaraya donde hicimos nuestra primera parada. Aquí dejamos nuestras mochilas afuera del bar y ocupamos una mesa cerca al mostrador. Tomamos café y comimos pastelería mientras conversábamos y reponíamos las fuerzas. Cuando la pareja de coreanos terminó de desayunar retomaron de nuevo el camino, mientras nosotros nos quedamos conversando por un rato. Gisselle me había enviado un mensaje deseándome suerte y "buen camino" en esta etapa. También me decía que su salud había mejorado notablemente y los indicios de gripe eran leves. Le escribí comentándole un poco de la odisea del día anterior y del inicio del día de hoy.

De nuevo nos encontrábamos de regreso, Juan y yo, en el camino para recorrer los 14 kilómetros que faltaban para llegar a nuestra meta. Cuando llegamos a Pieros, sin embargo, decidimos hacer una corta parada y nos encontramos a la pareja de coreanos que salían del café ya listo para regresar al camino y completar los últimos kilómetros que les faltaban para llegar a Villafranca del Bierzo.

Los últimos seis kilómetros que recorrimos fueron los más intensos de toda la jornada. Aunque el paisaje era uno muy placentero las constantes subidas y bajadas eran muy acentuadas y teníamos que trabajarlas con esfuerzo. La última bajada, aunque corta, era muy pronunciada y nos llevó directo a nuestro destino. En poco tiempo estábamos en el Albergue Municipal Villafranca del Bierzo, donde nos registramos y pagamos los 6 euros por el alojamiento de esa noche. Antes de ducharnos dejamos la ropa lavando, ya que el albergue disponía de lavadoras y secadoras. Luego fuimos a cenar. Todavía nos encontrábamos en la comarca del Bierzo y ahora que teníamos bastante tiempo libre para explorar y conocer pensamos que tal vcz podíamos encontrar alguna comida típica de la comarca. Además, siendo el Bierzo la cuna de famosas uvas, como son la Garnacha, Palomin, Godello y Mencía asumíamos que podíamos degustar un buen vino tinto de la región.

Por recomendación de un peregrino fuimos a comer al Mesón Los Ancares. El ambiente del restaurante era muy acogedor y todos los platos se veían muy apetitosos. Yo no sabía por cuál de ellos decidir y Juan me puso a escoger entre el *Botillo* y la *Carrillera a la Mencía*. La carrillera es una carne del músculo de la mandíbula del cerdo o de ternera cocinada en uva Mencía. El botillo es una cazuela de chorizos, costillas, rabo, espinazo, paleta, carrillera, lengua y patatas la cual se sirve en una fuente todo junto. Juan pidió botillo, mientras yo me decidí por la carrillera; para acompañar la cena pedimos un Garnacha que estuvo exquisito. La experiencia con el plato fue asombrosa. La carne era sumamente jugosa y tierna con un sabor increíble; tal como me la había descrito Juan.

Nos quedamos un buen rato después de cenar charlando de nuestras experiencias en el Camino y lo mucho que habíamos recorrido. Sin embargo, estuvimos de acuerdo que todavía faltaban más adelante, pendientes imponentes que debíamos enfrentar. Antes de salir del restaurante le envié un mensaje a Gisselle: "Todo bien, cena con buen vino espectacular. Más adelante hablamos. Te quiero".

Luego de la exquisita cena, nos fuimos a caminar por el pueblo sin rumbo fijo. Hicimos varias paradas en íconos de la ciudad, como son La Puerta del Perdón, el Museo de Ciencias Naturales, La Plaza Mayor y la Colegiata de Santa María de Clunia entre otros. Estando cansados por el recorrido decidimos entrar a un bar a tomar una cerveza. El lugar estaba muy concurrido por peregrinos en ambiente de fiesta. Para nuestra sorpresa aquí se encontraba Frances, una peregrina oriunda de Illinois, a quien; junto a Celine, quien era procedente de Francia; Juan y yo habíamos asistido en alguna parte de la meseta, pues Frances tenía una tendinitis en el tobillo mientras que Celine se había lastimado la rodilla; por suerte, Juan tenía una lata de aerosol de *Biofreeze* y pudo aplicarles en rodillas y tobillos, yo les regalé, a ambas, pastillas de diclofenaco para el dolor, también le presté a Celine, quien parecía ser la más afectada, un bastón para que le ayudara a caminar. Las chicas pudieron llegar al próximo albergue sin mayor dificultad, allí Frances se recobró por completo; Celine también se recuperó, pero decidió dejar el Camino. La ayuda que le dimos a Celine y Frances la ofrecimos, claro está, como una responsabilidad que tenemos todos los peregrinos en el Camino de ayudar al prójimo.

Todo lo que pasa en el camino se sabe, los peregrinos son portavoces de noticias, por lo que todos en el camino supieron que habíamos ayudado a las chicas y que estaban bien. Gracias a esta acción fuimos bautizados como "Los Ángeles Del Camino". Esa noche en Villafranca, había motivos para celebrar porque no habíamos visto a Frances desde que la socorrimos en la meseta, así que celebramos con ella hasta que casi fue hora de cerrar el albergue. Ella estaba completamente recuperada y estuvo muy alegre, quiso invitarnos a tomar unos vinos y nos expresó su agradecimiento una y otra vez. Creo que la celebración se extendió más de lo debido, pues al otro día teníamos que enfrentar el monstruo al que incluso los peregrinos más experimentados en el Camino Francés temen... O Cebreiro.

En la mañana mientras me preparaba para la odisea del día revisé mis mensajes y Gisselle me decía que tenía muchas ganas ya de verme y que le parecía mucho el tiempo que me faltaba para llegar a mi meta y completar el Camino. Ambos sabíamos que faltaba muy "poco" para llegar a Santiago, alrededor de 185 kilómetros y así se lo comenté cuando le escribí. Al parecer esto no la consoló mucho y me escribió diciéndome que 185 kilómetros equivalían a muchos días de ausencia. El tiempo pasa rápido, fue mi respuesta. Tampoco esto fue un gran consuelo, pero, al final habría que resignarse. Deseándome mucha suerte se despidió con un beso.

Salí con Juan a buscar un café donde encontrar un buen desayuno, el camino de hoy era duro y ameritaba una comida nutritiva. Se necesitaba mucha fuerza y determinación para subir la pendiente de O Cebreiro... el monstruo temido por todos. Para llegar allá había que conquistar varias pendientes, todas interminables todas provocadoras. La cima tenía una altura de unos 1300 metros sobre el nivel del mar. Pero no era solamente la altura sino también lo pronunciada que era cada una de estas pendientes.

Cuando encontramos el café estaba lleno de peregrinos en ambiente festivo. Todos sabíamos que faltaba poco para alcanzar a la Comunidad Autónoma de Galicia y O Cebreiro era el último mayor obstáculo para llegar a nuestro destino. De manera que el conquistar a O Cebreiro representaba un paso gigantesco para lograr nuestro objetivo de llegar a Santiago.

Cuando habíamos desayunado, muy pronto, tomamos el camino en dirección a O Cebreiro. Hacía frío y había neblina, pero a medida que caminábamos entrábamos en calor y poco a poco, la neblina se fue disipando. Durante los primeros diez kilómetros el ascenso fue gradual y transcurrieron sin mayor dificultad hasta llegar a Trabadelo donde hicimos una parada para un respiro y recobrar fuerzas. Aunque por la caminata habíamos entrado en calor, tomamos café para poder estimularnos y enfrentar la difícil parte del camino que nos quedaba más adelante.

En quince minutos ya estábamos de nuevo en la ruta y listos para enfrentar el ascenso. Durante esta parte de la jornada Juan y yo nos mantuvimos juntos, aunque no conversamos mucho, pues tratábamos de mantener nuestras energías para usarlas en las pendientes que teníamos adelante. Yo me sentí con mucha fuerza y poco a poco comencé a despegarme de Juan, en varias ocasiones me preocupé por él y esperé a que apareciera en algún punto bajo de la pendiente, como todo un campeón, siempre aparecía fresco y aparentemente, sin hacer mayor esfuerzo para llegar a mí.

De esta forma nos mantuvimos concentrados por los próximos diez kilómetros hasta llegar a Las Herrerías. De aquí en adelante la cuesta se agudizaba y era meritorio un descanso para recobrar fuerzas. El plan era, después de esta parada, subir la empinada cuesta, de ocho kilómetros de dos tiros.

Después del descanso volvimos a retomar el camino y completar los próximos tres kilómetros y medio, hasta alcanzar La Faba. Cuando habíamos logrado nuestro objetivo de alcanzar nuestra meta hicimos una parada para tomar aire y volver al camino.

Ahora restaban solamente cinco kilómetros para llegar a la cima; sin embargo, este era el tramo más difícil de toda la etapa. Con mucha determinación volvimos a retomar la senda. Yo me sentí con mucho ánimo y de nuevo comencé a despegarme de mi amigo. Así fue como, en poco tiempo, logré alcanzar la cima y esperar por Juan para juntos celebrar nuestro gran triunfo.

En la cúspide entramos a un bar para celebrar en grande. Los 28 kilómetros de hoy fueron una verdadera odisea, pero por fin, ya estábamos en Galicia a solo 160 kilómetros de Santiago de Compostela. Después de la pequeña celebración fuimos al albergue para registrarnos y allí nos hallamos una sorpresa, nos encontramos con Anne, quien había subido temprano en la mañana. Nos registramos en el albergue, para cumplir con las exigencias protocolares y luego salir a tomar un vino para continuar la celebración de este gran triunfo de amansar el monstruo de O Cebreiro.

En la cena nos reunimos con Anne, quien nos presentó nuevos amigos que había conocido en el Camino, todos comimos y bebimos hasta muy tarde, pero, como en el cuento de la cenicienta, la celebración no se podía extender por mucho tiempo y teníamos que regresar antes de que cerraran el albergue.

Capítulo XIII: Desde O Cebreiro a Portomarín

La mañana del 13 de mayo se presentó un poco fría, pero la temperatura era ideal para completar la etapa de 21 kilómetros hasta Triacastela. Una vez listo para enfrentar la jornada del día nos tiramos a la calle para buscar un café donde desayunar y comenzar la etapa del día con mucho ánimo y energía. Ya estábamos en Galicia e íbamos, en todos los sentidos, "cuesta abajo". En el café vimos el informe del tiempo y al parecer tendríamos un clima agradable durante todo el camino.

Aunque la etapa de hoy era una relativamente corta y no tan violenta como la del día anterior, había un par de obstáculos que teníamos que vencer. Todavía quedaba subir las empinadas de San Roque y Alto del Poio, pero, ninguna era comparable con O Cebreiro. Ambas subidas eran intensas, pero los tramos para alcanzar las cimas de las dos montañas eran sumamente cortos.

Luego de haber caminado alrededor de una hora nos encontramos con la primera pendiente de San Roque, la cual a mi entender no presentaba gran reto, pero me recordó que el camino no era todo cuesta abajo. Después de pasar una escultura con la apariencia de un peregrino continuamos nuestro recorrido y nos encontramos con algunas "rubias gallegas", o vacas de color pardo, las cuales son muy cotizadas por la calidad de su carne. A varios kilómetros más adelante nos topamos con la subida más difícil de toda la etapa. El Alto do Poio era una pequeña, pero durísima cuesta que nos dejó casi sin aliento.

En la cúspide de esta montaña, a unos 1300 metros de altura sobre el nivel del mar, y siendo el punto más alto del Camino

Francés en Galicia, la vista era increíble. Aquí nos detuvimos en el bar para coger aliento, descansar y admirar el paisaje. Aprovechamos también para comer un bocado y tomar café. Justo antes de abandonar el bar llegaron María, Carla y Raúl, a quienes no veíamos por mucho tiempo y pensábamos que se habían quedado rezagados con la ola del día anterior. Después de saludarlos e intercambiar abrazos brevemente, salimos nuevamente al camino.

El clima, con una temperatura de 16°C, estaba perfecto para caminar, mientras el viento de la montaña nos regalaba aire puro para purificar nuestros pulmones. El panorama lo completaban las onduladas del valle con sus hermosas colinas. Por este paraíso caminamos varios kilómetros hasta llegar a nuestra próxima parada en O Biduedo. En el café de la localidad nos encontramos con nuestros amigos coreanos, con quienes compartimos una mesa. Charlamos con la pareja de temas sobre el camino, por una media hora antes de dejar el café, para completar nuestra jornada del día. Salimos todos juntos y continuamos nuestra conversación hasta llegar a Triacastela.

Estos últimos kilómetros fueron muy placenteros; caminamos con buenos amigos, por parajes muy bonitos acompañados por los cánticos de pájaros y la suave brisa de la montaña. Alrededor de las dos de la tarde habíamos llegado ya al Albergue Público de Triacastela, el cual se encontraba en la entrada del pueblo. Nuestros amigos coreanos continuaron la marcha hasta el albergue Atrio donde tenían una reservación.

El albergue público de Triacastela era muy amplio, cómodo y bonito, con facilidades de lavadoras y secadoras, Wi-Fi (aunque la señal no era muy buena), un patio muy extenso, y otros servicios en las cercanías. Después de registrarnos y pagar los 8 euros, que era el costo por el hospedaje, pasamos a las literas y duchas para cumplir con nuestras obligaciones y terminar con la etapa del día.

Triacastela es un pueblo pequeño, de solo 640 habitantes y no había mucho que ver en sus entornos. Este pequeño municipio, el cual alguna vez tuvo tres castillos, ya desaparecidos, fue nombrado en homenaje a estos tres alcázares.

Siendo muy temprano y sabiendo que el pequeño pueblo podía ser recorrido en corto tiempo, decidimos tomar una pequeña siesta antes de hacer nuestra acostumbrada excursión pueblerina. Los últimos días habían sido muy ajetreados y una breve siesta durante el día servía para reponer algunas de las energías que se habían quedado en el camino.

Me levanté media hora más tarde y fui a un área cerca de la recepción donde mejor estaba la señal de Wi-Fi, para llamar y hablar con mi ángel. Cuando me contestó percibí que estaba en buen estado de ánimo y así me lo confirmó. Hablamos por un rato sobre cómo iba mi recorrido y las cosas que ella había hecho en todo este tiempo. Me dijo que se encontraba muy bien físicamente y había intensificado su entrenamiento en preparación para su peregrinación en septiembre. Escuchar esas cosas me daba mucho gusto y hacía que su ausencia fuera más llevadera. Gisselle me manifestó que ella trataba de mantener su mente ocupada leyendo, haciendo tareas en la casa y siguiendo mi trayectoria en el Camino, así tal vez el tiempo pasaría más de prisa y nuestro encuentro no estaría tan lejano. Al parecer ella sabía más de mi recorrido del Camino que yo, pues había calculado la distancia de 132 kilómetros que me faltaba para llegar a Santiago de Compostela. Yo también había calculado unos 130 kilómetros para alcanzar la meta. Era de gran alegría saber que, aunque había una distancia física entre nosotros, ella se mantenía conectada espiritualmente y siempre fue e iba a ser mi compañera en el Camino. Me despedí de Gisselle para salir a conocer un poco de nuestro vecindario anfitrión y comer alguna exquisitez de la zona. Ya estábamos en Galicia y había que probar alguna comida típica de la localidad. Yo apetecía el pulpo gallego, pero eso tendría que esperar más adelante cuando estuviésemos en Melide, cuna del pulpo a la gallega.

Me fui, acompañado por Juan, a recorrer el pequeño pueblo para luego entrar a un café donde encontramos algunos amigos con los que compartimos una cerveza. El ambiente era muy festivo, tal vez, porque la amistad de muchos de nosotros se había cimentado a lo largo del recorrido o quizás porque ya habíamos superado los obstáculos más difíciles del Camino y nos acercábamos cada día más a Santiago. Después de un lindo compartir, con "viejos" amigos, decidimos ir a cenar en un restaurante de la localidad.

No muy lejos del bar encontramos un pequeño restaurante donde el *cocido gallego* era parte del menú y a Juan le llamó mucho la atención. Yo pensé que estando en Galicia lo más prudente era algo autóctono de la región, pero nunca pensé en un plato con tanta complejidad de carnes. Este cocido lleva una variedad de verduras como son la berza, repollo rizado, grelos acompañados con patatas, garbanzos, chorizo, lacón, oreja, cachucha, costilla, lengua, morros (labios) y rabo del animal. La comida me pareció toda una aventura, algo nuevo para mí y aunque al principio estuve un poco reacio a probarla al final me arriesgué y decidí comer del cocido. Pensando en el dicho aquel de "*Cum Romae fueritis, Romano vivite more*" (Cuando fueres a Roma, vive como en Roma) devoré mi guisado y disfruté la aventura. Acompañamos este plato con vino de la casa que se sirve en una jarra de porcelana para verter y beber el vino en un tazón, también de porcelana, sin asa.

Luego de aquella hazaña con el cocido gallego nos fuimos a recorrer de nuevo las calles del poblado. Era casi hora de ir a la cama, pero no podíamos acostarnos con semejante hartura. Antes de llegar al albergue paramos en un bar a tomar un orujo para que nos ayudara a aliviar la digestión. Quince minutos más tarde llegamos al albergue, justo antes de que cerraran la puerta del hospedaje. Había que descansar para enfrentar la jornada del próximo día.

Esa noche en Triacastela dormimos un poco más que lo acostumbrado; sabíamos que la próxima jornada hasta Sarria era cómoda de unos dieciocho kilómetros (sin embargo, nosotros habíamos decidido ir por la variante que eran unos 24 kilómetros); el perfil de la ruta mostraba pocas o ningunas dificultades, aunque mayormente por carretera, se suponía era muy pintoresca y la temperatura estaba muy agradable esa mañana.

Salimos a desayunar un poco más tarde de lo acostumbrado, no había prisa ya que el camino empezaba a tornarse más benigno y la etapa era de pocos kilómetros. En el café, mientras nos desayunábamos, en la televisión comentaban que la temperatura de 16ºC iba a cambiar un poco en la tarde, pero se mantendría bajo los 23 grados, ideal para caminar. La buena noticia era que no se pronosticaba lluvia para nuestra localidad. Después de un rico desayuno comenzamos lo que sería una corta y cómoda etapa para llegar a nuestro destino en Sarria.

Cuando salimos del café atravesamos el pueblo en dirección a Samos. En esta etapa haríamos una breve parada para visitar el Monasterio Benedictino de Samos. Esta variante del camino es un poco más larga que la original por San Xil, pero la visita al monasterio era indispensable. En estos primeros kilómetros la ruta era mayormente por carretera, pero más cerca de Samos la ruta estaba cubierta por espesa vegetación. Luego de caminar durante un par de horas llegamos al poblado y paramos a descansar para luego hacer la visita al monasterio

El Monasterio de Samos fue fundado por San Julián de Samos, de la Orden Benedictina, en el siglo VI. El edificio está "encerrado" entre cuatro montes, con espesa vegetación a sus alrededores y es una verdadera joya arquitectónica. Estuvimos embelesados en el monasterio por una media hora y se hizo difícil abandonar aquella increíble obra del hombre. La visita al monasterio nos subió mucho el ánimo y salimos de allí energizados y listos para devorar el camino restante. Caminamos por una hora y media y en el trayecto hicimos una corta parada para descansar y comer algunas golosinas que llevábamos. Yo aproveché para sacar una piedrita que se había metido en mi bota y me estaba molestando. Estas molestias, que a menudo se meten en el calzado, hay que atenderlas prontamente porque su roce puede resultar en ampollas u otras molestias mayores en los pies.

Luego del merecido descanso retomamos el camino y sin ningún otro inconveniente, muy temprano el jueves, llegamos a nuestro destino en Sarria. La llegada a la localidad coincidía con el itinerario que nos habíamos trazado y llegar a Santiago a tiempo, para ir a la misa del peregrino. Juan estaba interesado en llegar a la Misa del Peregrino el domingo al mediodía. Su interés era mayormente para ver el Botafumeiro funcionando en su máximo despliegue.

El Botafumeiro es un enorme incensario que está bañado en plata, tiene un peso de 62 kilogramos vacío y mide 1.50 metros de altura, cuelga de una soga y es movido de un lado a otro lado por ocho hombres para que, de esta manera, el incienso salga y se desparrame por el área frontal de la Catedral; es un espectáculo único y solo está en función el domingo durante la Misa del Peregrino o algunos días especiales. También se puede ver, si algún peregrino paga una cantidad de dinero para que lo pongan a desparramar su incienso.

según la historia, en la época medieval los peregrinos caminaban por muchos días, semanas y meses para llegar a la Catedral en Santiago. Durante las largas jornadas estos primeros caminantes no tenían el lujo de poderse cambiar sus ropas a menudo. Tampoco tenían muchas facilidades para cuidar su higiene personal. Por consiguiente, al llegar estos religiosos a la iglesia emitían olores desagradables. Para remediar, un poco la situación, por medio del botafumeiro se desparramaba incienso a los peregrinos presentes para mitigar los malos olores que habían acumulado por mucho tiempo. Hoy en día, sin embargo, el botafumeiro es más bien una reliquia que evoca épocas pasadas. Pero su uso no deja de ser una ceremonia muy lucida digna de verse y admirarse. Es por eso por lo que podemos entender el interés tan grande que tenía Juan de ver y disfrutar esta histórica ceremonia.

A la entrada de Sarria paramos en un bar a tomar una cerveza y Juan recibió una mala noticia. En conversación con otros peregrinos amigos, nos enteramos de que el domingo era la conmemoración litúrgica de uno de los santos de la iglesia. Para no tener conflicto con esta celebración, que se daba el domingo, la iglesia había decidido adelantar el acto del botafumeiro para el sábado.

Mi pobre amigo había caminado 800 kilómetros y tenía la ilusión de ver el botafumeiro en su esplendor al final del Camino, era tan grande su ilusión de ver aquella maravilla que se presentaba en la Catedral, que decidió acortar el tiempo para llegar a Santiago de Compostela en la mañana del sábado, así podría asistir el sábado al mediodía a la Misa del Peregrino, donde podría ver el botafumeiro regando incienso a los allí presentes. Juan decidió que en lugar de pernoctar en Sarria continuaría su camino para completar dos etapas en un día, de esta manera lograría su objetivo de llegar a Santiago de Compostela y no perderse el espectáculo que presentaba la iglesia en la Misa del Peregrino del sábado.

Luego de cancelar la reservación que mi amigo había hecho en Sarria, en un emotivo adiós, nos despedimos para finalizar cada uno el Camino sin el apoyo del otro. A Juan no lo vi más, pero nos mantuvimos en contacto vía WhatsApp y me enteré de que después de la Misa del Peregrino ese sábado partió hacia su ciudad natal de Bilbao. Dos años más tarde, nuestros senderos se volverían a unir. Yo quedé solo en la ciudad para continuar mi travesía hasta Santiago de Compostela.

En Sarria crece el número de peregrinos, esto es así porque es el lugar idóneo para comenzar el Camino Francés y caminar el mínimo de cien kilómetros que se requieren para cualificar y obtener la Compostela. Este "diploma" es un documento que otorga la Catedral de Santiago de Compostela a peregrinos que han recorrido, por lo menos 100 de los últimos kilómetros antes de llegar a la Catedral.

Debido a que, en Sarria, y hasta llegar a Santiago de Compostela, hay más peregrinos que en el resto del camino las facilidades para dormir y comer están más saturadas, pero siempre hay lugar para todos y como buenos hermanos, nos damos la mano los unos a los otros. Al quedar solo en Sarria tuve la suerte de conseguir un albergue muy cómodo y bien ubicado; después de registrarme con el hospitalero, lavé mi ropa y me duché. Era temprano y decidí tomar una pequeña siesta para luego ir a cenar.

Debido a que, Sarria es un lugar muy abarrotado de peregrinos y la actividad comercial no para, se pueden conseguir abiertas las cocinas de muchos restaurantes durante las horas de la siesta, de manera que, después de tomar mi pequeño descanso, me fui a buscar un lugar donde cenar. Encontré un pequeño restaurante donde tenían el menú del peregrino, me disponía a cenar cuando, para mi sorpresa, apareció Andre quien acababa de llegar a Sarria y también quería degustar el menú del peregrino. Después de cenar fuimos a mi albergue, donde pudo asegurar una cama para esa noche, luego salimos a conocer un poco del pueblo y tomar una cerveza. El pueblo estaba atestado de nuevos peregrinos, muchos de los cuales, por haber comenzado su camino en Sarria, yo no conocía.

Antes de irme a descansar traté de llamar a Gisselle para ver cómo se encontraba, pero no logré comunicarme con ella. La conexión era pobre y después de varios intentos me di por vencido y me retiré a descansar. Sin embargo, en la mañana pude lograr comunicación y hablamos por corto tiempo antes de salir a caminar. Le conté lo de Juan y se apenó, pero por otra parte se alegró mucho cuando le hablé sobre el encuentro con Andre. Ella se encontraba muy bien y "contando los días". Aunque yo también contaba los días, estaba enfocado y disfrutando el Camino. Después de un beso y abrazo le prometí comunicarme al terminar la jornada del día. Lamentablemente la comunicación se dificultó y no nos pudimos comunicar esa tarde.

El día 15 de mayo, antes de salir para Portomarín, fui con Andre a desayunar en un café que había no muy lejos del albergue; esa fue la última vez que vi a Andre. A él no le interesaba recibir la Compostela, más bien quería llegar al Fin de la Tierra para conocer a Finisterre, como le quedaba poco tiempo antes de regresar a Suecia, decidió tomar un autobús en Sarria para llegar a Santiago de Compostela y conocer la ciudad con su gran Catedral, luego tomaría un autobús para llegar a Finisterre y después regresaría a casa.

Esa mañana tuve mi segunda emotiva despedida del Camino: primero Juan aceleró su paso para llegar a Santiago de Compostela un día antes de lo programado, ahora Andre se iba en busca de nuevos horizontes. Al menos sabía que allí, en algún lugar del Camino estaba Anne, quien iba rumbo a nuestra meta; además, aunque no tan cercanos, había otros amigos con quienes interactuaba en la ruta que llevaba. Estas despedidas son la parte difícil del Camino. Las experiencias vividas junto a otros que cada día nos nutrían de las lecciones del Camino, marcarían para siempre nuestras vidas.

Después de despedirnos, Andre se dirigió a la terminal de autobuses, mientras yo regresaba al Camino. La mañana era soleada y la temperatura estaba fresca, ideal para caminar los 22 kilómetros restantes para llegar al próximo destino.

La jornada de Sarria a Portomarín era un poco más exigente que la anterior, muy fresca y alejada del bullicio de la carretera, sin embargo, la algarabía del sin número de nuevos peregrinos que habían comenzado su primera etapa en Sarria, vestiditos con ropas y zapatos impecables, era evidente; paraban en las tiendas de baratijas a comprar toda clase de chucherías alusivas al Camino, se notaba el júbilo de la mayoría de ellos que caminaban muy alegres queriendo absorber con sus ojos todo lo que podían, con mucho cuidado de no dejar que se les escapara nada; otros peregrinos, que al parecer venían de muy lejos, no compartían el mismo entusiasmo. Casi se podía adivinar quién era el peregrino que llevaba caminando varios días: este era el caminante que estaba curtido por el sol, se notaba el cansancio en su rostro y traía mucho fango en sus ropas y botas. Se calcula que el 80 por ciento de los peregrinos que hace el Camino Francés comienzan en Sarria, los que llevábamos varios días caminando éramos una gran familia, pues tuvimos muchas oportunidades para compartir un café, una cena y una cerveza o un buen vino en etapas anteriores; fueron muchas las ocasiones que tuvimos para celebrar y cultivar aquella amistad de gente que procedía de todas partes del mundo. En esta ocasión, comenzando con el trayecto de Sarria a Portomarín y que continuaba por cuatro etapas más hasta llegar a Santiago de Compostela, se nos presentaba la oportunidad de añadir nuevos amigos al nutrido grupo que ya teníamos

Estos últimos 115 kilómetros que teníamos que recorrer para llegar a Santiago, en realidad, eran los que contaban para obtener la Compostela, además, era requisito sellar la credencial por lo menos dos veces al día y llegar a la Catedral caminando para probar en la Oficina del Peregrino que se había cumplido con la formalidad de completar los últimos 100 kilómetros. Resulta un poco irónico que Andre anduvo tres veces esa distancia y regresó a casa sin un pergamino. Pero esa fue su decisión y había que respetársela.

Mi primera parada en la ruta fue en Barbadelo. Aunque había caminado solamente cuatro kilómetros y no necesitaba descansar, quería conocer la famosa iglesia de este poblado en honor a Santiago. La iglesia de la época románica, Monumento Histórico-Artístico Nacional construida en el siglo X, se edificó donde antiguamente había un monasterio y era una impresionante edificación arquitectónica. Durante la visita a la iglesia, también, aproveché para recorrer y admirar el majestuoso cementerio localizado en los predios del antiguo templo. Ambos íconos me impresionaron mucho e infundieron conocimiento y crecimiento durante el recorrido por Barbadelo.

Una vez terminada mi corta visita a Barbadelo retomé el camino en dirección a Portomarín. Caminando pensativo por todo lo que había pasado durante estos largos 27 días. Al tiempo que caminaba disfrutaba mucho el paisaje mientras conocía a peregrinos quienes recién comenzaban su Camino. Disfrutaba tanto el Camino que recorrí los siguientes ocho kilómetros muy lentamente. Cuando llegué a Morgade decidí hacer un alto para tomar una bebida. Cerca de la Fuente del Demonio encontré un bar donde tomé un café y comí un bocadillo. Consiente que era requisito sellar dos veces al día en el camino antes de llegar a Santiago, aproveché para timbrar mi credencial.

Luego pasé a visitar la Capilla de la Trinidad localizada muy cerca al café. En el templo es tradición dejar escrito las experiencias hasta el momento de la peregrinación. Mi mensaje rezaba así: *"Vengo de una pequeña isla caribeña donde el sol nace cada día, para recordarnos que tenemos una nueva oportunidad y comenzar de nuevo. He recorrido 27 días, muchos de los cuales he experimentado sol, calor, lluvia, fango en la vía, granizo, nieve, frío, sustos, cansancio, lágrimas, penas, desagravios, noches con sinfonías de ronquidos, caminos interminables (otros impasables) aburrimiento y he atravesado montes, valles, ríos y montañas para llegar aquí.*

También, he conocido muchos y buenos amigos de todos los rincones del mundo; he sido parte de la Naturaleza. Muchos de esos 27 días han sido de alegría, júbilo, empatía, paz, armonía, celebraciones, rizas, regocijo y lecciones aprendidas y algunas veces impartidas. He tenido tiempo para reflexionar y vivir viajes maravillosos hacia mi interior; he conocido un mundo diferente y extraordinario, también, he llegado a conocer algo de quien y como soy. Aprendí que no tengo que buscar el Camino porque el Camino está dentro de mí. El Camino también me ha premiado con la amistad de una peregrina espiritual con quien me he identificado y crecido. Juntos hemos vivido una experiencia inolvidable y tal vez pronto podremos emprender un nuevo camino.

Solo tengo una cosa que lamentar y es que muy pronto llegaré a la meta y este Camino llegará a su fin. Es algo paradójico, pero, amo el Camino y no quiero que se termine. Sin embargo, abrigo la esperanza que en mi nuevo camino pueda continuar con mi crecimiento".

Luego de la visita a la capilla salí de nuevo a la ruta para completar la fase que me quedaba en esta etapa. El resto de la vía iba por parajes muy bonitos con cánticos de pájaros y alegres peregrinos quienes transmitían una alegría contagiosa. Poco a poco me fui acercando a mi destino hasta que me encontré cruzando el puente sobre el Río Miño para luego subir las largas escaleras que me llevarían al casco del pueblo. Al final de la etapa, sin mayor esfuerzo y muy temprano en la tarde, me encontraba en Portomarín, lo próximo sería asegurar un albergue para, después de una buena ducha, salir a cenar y conocer algo del pueblo.

Llegué hasta el Albergue de Ferramenteiro Portomarín donde me registré, sellé, y pagué para luego pasar a "conocer" mi litera. Una vez terminado el lavado y tendido de ropa me duché para salir a conocer mi nuevo vecindario.

Luego de cenar en un café cercano a mi albergue, me dirigí al centro del pueblo, donde, para mi sorpresa, estaba repleto de peregrinos, algunos de los cuales no veía hacía muchos días. La temperatura estaba tremendamente agradable y el sol muy brillante, casi todas las mesas de los cafés alrededor de la plaza estaban repletas de viejos y nuevos amigos. Como era temprano me dio tiempo de compartir con casi todos ellos, fui de café en café saludando y celebrando el encuentro de tantos amigos a los cuales tenía tiempo de no ver, entre ellos estaba Evan Joshua, a quien no veía desde que salió de Saint Jean Pied de Port en abril 19. Evan salió solo desde Francia porque quería aprovechar caminando largas etapas para llegar a Santiago de Compostela antes de la ola de peregrinos que salíamos ese día, pero así es el Camino, se dice que por mucho madrugar no amanece más temprano; de todas maneras, me dio mucho gusto saludarlo y compartir con él. Algunos de los otros peregrinos que encontré fueron: Carlos Rodrigues de Brasil, Bandil Nkrumah de República de Sudáfrica y Dyana Carrins de Isla de Man, entre otros.

En la tarde, cuando la temperatura empezaba a bajar, me fui a tomar un café con el famoso Kunikasu Honda. Este encantador ser humano era muy popular y querido por todos los peregrinos quienes le llamaban Honda. Nuestro amigo era un japonés de 73 años, y aunque su caminar era lento, desde que salió de Francia se mantuvo con la Ola de Peregrinos del 19 y formaba parte de esa gran familia.

Esa tarde en Portomarín compartimos hasta muy tarde, las condiciones eran idóneas para una tarde perfecta: amigos que no veíamos por algún tiempo, temperatura agradable y la alegría de saber que ya nos aproximábamos a nuestra meta; pero

todo tiene su final y teníamos que ir a descansar y estar listos
para la jornada del día siguiente. Con mucho pesar nos fuimos
despidiendo de nuevos y viejos amigos, había alegría en cada
corazón, pero sabíamos que el final estaba muy cerca... a menos
de 100 kilómetros. Portomarín era un punto de referencia muy
importante en el Camino, de aquí en adelante el número de
kilómetros para llegar a Santiago de Compostela bajaba de tres
dígitos a dos.

Cuando regresé al hospedaje tuve la oportunidad de llamar
y conversar con mi ángel. Gisselle estaba un poco preocupada
y esperando por mi llamada. No me había podido comunicar
con ella y pensaba que tal vez algo malo me pudo haber pasado.
Yo le aseguré que todo estaba bien y no tenía nada porque preocuparse. El Camino es muy seguro y no hay ningún peligro el
transitar por estos rumbos. Le hablé un poco de la cantidad de
peregrinos que llegan a Santiago cada día y los accidentes son
raros. "Un peregrino", le dije, "está más seguro en el Camino
que en casi cualquier otro lugar del mundo". Lo que yo le decía
era muy cierto, pero también tenía muy pendiente lo de su
viaje en septiembre y no quería que fuese a tener alguna duda
o titubeo para no querer hacer el Camino por ser inseguro.
"Esa es una preocupación", le aseguré, "no debería existir en tu
pensamiento y yo me siento muy bien y seguro en el Camino".
"¡Que bueno!" me dijo con convicción y se quedó tranquila
cuando nos despedimos.

Capítulo XIV: Desde Portomarín a Arzúa

En la mañana del 16 de mayo me levanté con mucha energía y dispuesto a emprender la etapa del día que terminaba en Palas de Rei. En un café, junto a algunos amigos, desayuné para luego comenzar a caminar. La mañana, como casi todas estas últimas, estaba en óptimas condiciones para caminar. La temperatura era muy agradable y la ausencia de lluvia me invitaba a "saborear" el recorrido. Lo grueso del trayecto se había quedado atrás y los grandes desafíos del Camino eran cosa del pasado.

Después de casi un mes de entrenamiento en el Camino el perfil de la etapa, Portomarín a Palas de Rei, no parecía presentar grandes retos; en esta jornada de unos 25 kilómetros había que subir 200 metros de altitud, para luego bajar en forma de serrucho poco más de 100 metros. Habiendo hecho esto estaría en Palas poco después del medio día.

Saliendo de Portomarín comencé subiendo una pendiente de algunos 10 kilómetros por asfalto. Sin embargo, en ocasiones, se apreciaba la campiña con ondulados y pintorescos parajes. Me favorecía la agradable temperatura de algunos 16ºC. La etapa, como era de esperarse, estaba muy concurrida con peregrinos. Esto sería así hasta llegar a Santiago de Compostela. En estos últimos 100 kilómetros se encuentra el mayor flujo de peregrinos de todas las vías del Camino de Santiago de Compostela.

Caminé los primeros ocho kilómetros cómodamente con mucha compañía hasta llegar a mi primera parada en Gonzar. Cuando entré al bar me encontré con Karin Nyffeler y su amiga Martina, a quienes no había visto durante varias etapas. Después de saludos y abrazos me senté con ellas a su mesa para compartir una cerveza. Como era de esperarse, la conversación se extendió por mucho tiempo ya que, después de no haberles visto por buen rato, había mucho de qué hablar. Cuando estaba a punto de salir del café llegó Carlos Rodrigues, quien caminaba con otro amigo peregrino. Lamentablemente no tuvimos el tiempo para mucha conversación.

Después de usar las facilidades sanitarias, sellar mi credencial y pagar, salí de nuevo a caminar. Ahora me acompañaban mis amigas Karin y Martina en esta parte de la etapa. Desde que salimos del café, nos tocó subir un repecho de unos 100 metros hasta llegar a Hospital da Cruz (sitio donde en la antigüedad había un hospital de peregrinos). Más adelante bajamos varios metros hasta Vendas de Narón. El camino no era mayor reto, excepto por estas pequeñas cuestas, las cuales no fueron ningún obstáculo en nuestro camino. En compañía de mis amigas el sube y baja de la vía se hacía menos doloroso.

Por decisión unánime decidimos tomar un receso al llegar a Ligonde. Ya habíamos recorrido 17 kilómetros, atrás quedaba la parte más difícil de toda la jornada y un descanso era meritorio. La temperatura estaba muy agradable cuando llegamos al café y escogimos una mesa afuera del bar para sentarnos. Cuando habíamos estado compartiendo por unos quince minutos llegaron tres amigos y se unieron a nosotros. Compartimos por cinco o diez minutos más y pensando que todavía quedaba un largo tramo por caminar para llegar a Palas opté por continuar la marcha. Mis amigas decidieron quedarse más tiempo en el café y yo continué el camino sin compañía.

Caminé metido en mis pensamientos por los próximos 17 kilómetros subiendo y bajando pequeñas pendientes mientras disfrutaba de los bellos parajes, de una temperatura de 16°C y una brisa placentera. Inmerso en mis pensamientos tenía muy presente que cada paso que daba me acercaba más a Santiago. Caminé casi toda la ruta espaciado en mi mundo, pensando cómo sería la llegada a la Catedral esta vez. Sumido en un mar de pensamientos y casi sin darme cuenta, poco después de la una de la tarde llegué a las puertas del albergue San Marcos... mi hotel cinco estrellas por esa noche.

El albergue era uno muy bonito, aunque por la cantidad de diez euros por la estadía, era un poco caro. Sin embargo, era relativamente nuevo y muy cómodo con Wi-Fi, servicios de lavadoras y secadoras, máquinas de agua y refrescos, toallas, jabón, máquina de café y una cocina muy amplia. Además, había farmacias, cajero automático, asistencia médica, panaderías, bares y restaurantes muy cerca al albergue... un verdadero lujo para cualquier peregrino.

Siendo muy temprano aún y con tiempo suficiente para llevar a cabo las tareas de fin de jornada, después de una rica ducha me acosté un rato a descansar. Cuando me levanté, aunque en Puerto Rico era muy temprano en la mañana, llamé a Gisselle y después de varios segundos me contesto. Cuando le dije que me sentía muy bien y que ya estaba en Palas de Rei se puso muy contenta, ella sabía que eso significaba que estaba muy cerca de mi meta. También me dijo que se encontraba bien de salud y continuaba con su entrenamiento "a todo vapor". Entre otras cosas me habló sobre algunos proyectos de su trabajo y unos libros que estaba leyendo que la mantenían ocupada. Conversamos por un rato más y después de despedirme me fui a dar una vuelta por los alrededores del poblado.

Llegué hasta la fuente pública de las Burgas donde bebí de su agua. Estas famosas aguas terapéuticas hacen de Palas un sitio idóneo para despojarse de dolores y malestares que se acumulan durante todo el trayecto del camino. Además, el disfrute de un glorioso baño en las aguas de Palas quita todos los males del atropellado cuerpo. Es por eso por lo que, después de saborear mi agua de la fuente, pasé a un manantial para darme un baño termal medicinal. Palas de Rei es notorio por sus aguas termales y tenía que aprovechar mi estadía en el pueblo para rejuvenecerme. Aunque el balneario de aguas termales quedaba algo retirado del albergue el "paseíto", para el disfrute de aquella maravilla, valió la pena.

Después de una rejuvenecedora experiencia regresé como a las dos horas con pan y dos botellas de vino para complementar la cena de hoy. Al llegar al albergue, varios peregrinos y yo habíamos decidido no salir a cenar y preparar una cena comunitaria. La misma se elaboraba bajo el liderato de nuestro amigo peregrino Amaury. El peregrino francés nos preparó una cazuela de pollo la cual estuvo exquisita. Mientras cenábamos y tomábamos vino charlábamos de varios temas, como casi siempre, estos giraban en torno al país de procedencia de los peregrinos presentes.

La tertulia después de la comida duró hasta muy tarde en la noche. Todos estábamos conscientes de que ya teníamos que comenzar la dolorosa despedida. Sabíamos que no habría muchas más oportunidades para reunirnos como grupo a celebrar y tratábamos de sacar el mayor provecho posible cuando se presentaba la oportunidad. Llegó la hora mágica y el hospitalero apagó la luz como señal de que había que descansar y nos fuimos todos a dormir. Al día siguiente íbamos a Arzúa y había que recorrer muchos kilómetros.

En la mañana temprano cuando me disponía a desayunar en un café cercano a mi albergue, me encontré a una peregrina estadounidense de nombre Hesoo Byun, ambos habíamos pernoctado en el mismo albergue, pero desconocíamos ese detalle. Hesoo, al igual que yo, hacía el Camino sin ninguna otra compañía y decidimos caminar esta etapa juntos. Después de desayunar, salimos rumbo a Arzúa bajo el frío mañanero. Para llegar a nuestro destino de Arzúa teníamos que caminar unos

29 kilómetros en carreteras y bosques. Desde que salimos de Palas el camino era subiendo y bajando en forma de serrucho. Las pequeñas cuestas, pueden engañar, aunque cortas son muy pronunciadas.

Caminábamos mientras conversábamos alegremente acompañados por los cánticos de pájaros mañaneros. Subimos y bajamos las pequeñas, pero difíciles pendientes, durante los primeros ocho kilómetros y medio, donde decidimos hacer una parada. Un kilómetro antes en Campanilla habíamos pisado la última población de la provincia de Lugo. Ahora aquí, en O Coto, marcábamos el primer poblado de la provincia de A Coruña. Además del muy merecido descanso, después de las múltiples rompepiernas, teníamos que darle la bienvenida a la última provincia que pisáramos en nuestro largo recorrido. Por ser temprano en la mañana el brindis de bienvenida a la nueva provincia se hizo con un sabroso café el cual acompañamos con alguna pastelería. Aquí la comida fue liviana y no quisimos comer muy sólido porque queríamos dejar eso para una comida que nos aguardaba más adelante en Melide.

Después de descansar y reponer fuerzas salimos de nuevo a la vía. Las molestosas pequeñas pendientes nos hacían compañía, pero con nuevos bríos el sendero se hizo manejable. Caminamos varios kilómetros hasta cruzar el Río Furelos, por un paraje espectacular, para unos kilómetros más adelante llegar a Melide. En esta ciudad la parada era casi obligada. El pueblo es uno de los más grandes en la Comunidad Autónoma de Galicia y aquí crece el número de peregrinos. Esto se debe a que el Camino Primitivo se une al Francés en esta localidad.

Al llegar a este pueblo es "deber" del peregrino detenerse para buscar la pulpería de su predilección y saborear el famoso pulpo de esta localidad. Durante muchos kilómetros había caminado pensando que cuando llegara al pueblo no podía pasar por alto visitar una de sus afamadas pulperías para probar su famoso *pulpo a la gallega*. Por recomendación, Hesoo y yo escogimos Pulpería Ezequiel. A mi juicio, la elección no fue equivocada, saborear el pulpo de este mesón fue una verdadera exquisitez al paladar. Esta es una de esas experiencias en el Camino que nos enseña a apreciar los momentos especiales en la vida, nos sirve de lección para darnos cuenta de lo afortunados que somos; a veces esto se nos olvida por creer ser meritorios de todo lo que tenemos.

Aunque habíamos caminado poco, llegamos a Melide apenas a las once de la mañana, la jornada de Melide en adelante se nos hizo pesada. Después de aquella suculenta comida teníamos que continuar el camino hasta llegar a Ribadiso y después a nuestro destino final de Arzúa. Era difícil emprender de nuevo la caminata después de aquella pecaminosa parada, con mucha pereza anduvimos por unas cuantas horas hasta llegar a Ribadiso, allí hicimos una parada para admirar su belleza mientras metíamos los pies en sus aguas heladas para masajearlos y rejuvenecerlos.

Después de una larga parada en Ribadiso continuamos el corto recorrido para llegar a nuestro destino. Cuando dejamos el hermoso paraje de este edén solo faltaba un poco más de tres kilómetros para llegar a Arzúa.

Otra vez tuvimos que enfrentar las pequeñas rompepiernas. Lo peor de estos últimos kilómetros es que el camino recorre paralelo a la carretera nacional y la competencia con la transitada vía era reñida. Aunque batallamos con la competencia no tuvimos mayores contratiempos y pudimos llegar a nuestro destino de Arzúa sin ninguna dificultad. Mi amiga peregrina y yo nos despedimos a la entrada del pueblo. Yo me dirigí al Albergue de peregrinos de Arzúa, donde pasaría la noche por una cuota de 8 euros. Mi amiga, Hesoo, continuó caminando, donde más adelante tenía una reservación en un albergue privado.

Luego del procedimiento acostumbrado de registrarme, sellar la credencial, lavar y ducharme, para dejar lista mi litera y luego salir a la calle a cenar, antes de salir, cuando revisé mis mensajes tenía uno de Gisselle que decía: "Bienvenido a Arzúa, ya falta menos". Rápidamente le contesté diciéndole que ya me empezaba a inquietar, porque pronto llegaría a Santiago de Compostela y las emociones ya comenzaban a dejarse sentir en mí, lo mismo que en otros peregrinos. Aunque todavía faltaban muchos kilómetros el camino a casa cada vez estaba más cerca y mi cuerpo lo sabía.

Salí a la calle para cenar y conocer algo de Arzúa. Muy cerca del albergue entré al Restaurante Casa Chelo. En el menú había *ternera gallega guisada al vino tinto con zanahorias glaseadas*. Aunque estaba en tierra de mariscos ya había comido pulpo a la gallega anteriormente y me pareció apetitoso el plato de la ternera. Mi corazonada no me falló, la ternera estaba deliciosa y aunque cené sin compañía lo disfruté muchísimo. Para completar la cena pedí un orujo de yerba el cual me aliviaría cualquier molestia que me ocasionara la comida.

Luego de la cena fui a dar una vuelta por la vecindad. Después de caminar por un rato entré al Café Bar Pedrito donde encontré a varios amigos peregrinos con los cuales tuve la oportunidad de compartir por un buen rato, sabíamos que la meta estaba cerca y había un ambiente festivo entre nosotros. Bajo aquel escenario más tarde, de nuevo, salí a pasear con mis amigos y visitamos uno que otro café antes de ir a descansar.

Poco antes de retirarme a dormir llamé a mi ángel y le conté lo exquisita que estuvo la cena de hoy. También le dije que como ya estábamos acercándonos a la meta había ambiente de celebración entre nosotros. Ella por su parte me contó sobre unos pergaminos que le otorgaron en su trabajo por unas presentaciones que había hecho relacionado a talleres de liderazgo. Yo no entendía mucho sobre los galardones que había recibido, pero de todas formas me alegré mucho por sus reconocimientos. Ambos celebramos los triunfos del Camino y de los premios recibidos. Después de despedirnos me fui a descansar y estar listo en la mañana para la etapa que me llevaba a O Pedrouzo.

Alrededor de las 2 de la mañana tuve la necesidad de ir al baño y estaba muy oscuro. Durmiendo en diferentes hospedajes cada noche es difícil memorizar en qué dirección están los baños de cada albergue. Después de unos minutos me pude orientar y me dirigí hacia donde se veía una luz muy tenue debajo de una puerta. Pensé que seguramente ese era el pasillo por donde estaban los baños. Adiviné bien y pude llegar hasta un inodoro sin ningún problema. Luego de usar el baño y tratar de regresar a mi litera, cuando dejé el pasillo donde había luz, para llegar a mi cama estaba muy oscuro. Para colmo de males la litera donde yo dormía estaba al fondo muy retirada de los baños y tenía que pasar unas diez o doce literas para poder llegar a la mía. Con mucho trabajo de haber alcanzado lo que creía era mi lecho, poco a poco puse mis manos sobre la cama para asegurarme que estaba vacía. No quería tener un accidente y meterme en una cama que estuviera ocupada y que no fuese la mía. Eso sería sumamente embarazoso.

Después de estar seguro de haber llegado a mi litera y de que estaba vacía, lo próximo sería acomodarme en ella haciendo el menos ruido posible, no quería despertar a mis vecinos que allí dormían. Me posicione para impulsarme y caer dentro de mi cama, la cual estaba en la parte baja de la litera. Cuando estaba seguro de que todo estaba en orden me impulsé con todas mis fuerzas para entrar en mi cama. Desafortunadamente no calculé muy bien y estando muy cerca de la pequeña escalera, que sirve para subir a lo alto de la litera, me tropecé con ella y tuve que retroceder con un golpe en el pómulo derecho. Como pude, muy suavemente y tratando de no despertar a nadie, en un segundo intento, me metí en mi cama y traté de dormir.

Pocos minutos después toqué el golpe que tenía en el pómulo y noté que estaba mojado. De nuevo regresé al baño y cuando encendí la luz y vi mi semblante en el espejo había sangre por toda mi cara. Lavé y sequé mi rostro y con papel toalla presioné la pequeña herida para parar el diminuto flujo de sangre. Regresé a mi litera sin dejar de presionar la pequeña herida. Como pude me metí a la cama y continué presionando la herida suavemente. En algún momento me quedé dormido y no desperté hasta alrededor de las seis de la mañana. La sangre en mi pequeña herida había parado en algún instante durante la noche, pero la cobija y la almohada estaban llenas de sangre.

Fui al baño a limpiar un poco de sangre que había en mi cara y prepararme para salir a caminar. Cuando ya estaba listo para salir al camino, busqué a la hospitalera para explicarle lo que me había pasado y se preocupó mucho. Me ofrecí a pagar los daños que había ocasionado a sabanas y fundas de almohadas ensangrentadas, pero no quiso que yo me preocupara por eso. Me dijo que ella podía lavar y desinfectar la cobija y almohada. La joven quiso llevarme a un centro de salud para que atendieran mi "herida". Le dije que no se preocupara porque la pequeña herida no era gran cosa, pero ella insistió en, por lo menos, curar mi "herida". Terminé con un vendaje al lado de mi ojo derecho que fue el foco de atención y tema de conversación en la etapa a O Pedrouzo.

Antes de salir a desayunar le envíe un mensaje a Gisselle indicándole que todo estaba bien y me disponía a salir hacia O Pedrozo, la última parada antes de Santiago... el Camino tenía olor a meta. No quise hablarle de mi estúpido accidente, aunque no era gran cosa, no quería asustarla. Más adelante hablaríamos de mi torpeza y nos reiríamos juntos. Por ahora me tocaba pensar en una respuesta inteligente para cuando llegara la inevitable pregunta de parte de mis amigos de lo que le pasó a mi rostro. No sería fácil peregrinar con cara de "naturalidad" en medio de un mar de desconcertados caminantes.

Capítulo XV: Desde Arzúa a Santiago de Compostela

Cuando llegué a desayunar al café había varios amigos peregrinos que desayunaban y cuando me vieron se podía ver en sus rostros que estaban sorprendidos. Fue Juliann quien me preguntó sobre el vendaje en mi mejilla. Le conté sobre mi incidente y después de asegurarse que yo estaba bien, todos reímos. Hubo uno que otro chiste, querían saber si la cama estaba bien y cosas por el estilo. Esa mañana, sin querer, les hice el día a mis amigos. No me costó más remedio que seguirles la corriente y reír con ellos. Después de desayunar sellé mi credencial para asegurarme que tenía el primer timbre del día, ahora me quedaba sellar más adelante para así cumplir con el requisito que exige la Catedral de un mínimo de dos sellos por día.

Al salir al camino, para completar esta penúltima etapa de 18 kilómetros, encontré una mañana cálida, con algo de sol y algunas nubes. La vía estaba atestada de nuevas caras. Los peregrinos que venían por los Caminos Primitivo y del Norte unidos a los del Camino Francés resultaba en un mar de organismos andantes que acaparaban gran parte de la vía. La encrucijada de peregrinos que convergía en Arzúa daba color y energía al camino y el ambiente era festivo.

El perfil de esta etapa convidaba a dar un "paseíto" desde Arzúa a O Pedrouzo. Pequeñas, y casi insignificantes pendientes acaparaban la ruta y el verdadero reto estaba en la cantidad de asfalto que había que cubrir para llegar a la meta. Varias veces tuve que cruzar las pistas cercanas a la Nacional 547 y esto presentaba el mayor peligro de esta etapa. También teníamos que combatir el ruido de los vehículos en la vía y el gran número de caminantes.

Durante los primeros kilómetros los eucaliptos eran numerosos y la hojarasca formaba una alfombra en el camino. Sin embargo, el gran número de peregrinos en la vía, al parecer, superaba la cantidad de hojas en el pavimento. Fueron muchos los peregrinos que pasé durante los primeros ocho kilómetros, pero, fueron más los que me pasaron a mí. Algunos de ellos en lugar de caminar parecía que iban corriendo. El camino estaba completamente energizado por todo tipo de peregrinos quienes, al igual que a mí, les invadía el entusiasmo porque sabían que Santiago de Compostela no estaba muy lejos. Más adelante, después de caminar unos ocho kilómetros, hice mi primera parada en el poblado de Calle.

Fue sobre este escenario que ya había caminado los primeros kilómetros del día y entré al bar para tomar un café. Mientras bebía mi café, acompañado por una napolitana, pedí que me sellaran mi credencial. Con esto había cumplido con las reglas de la iglesia y ahora podía darme el lujo de no tener que sellar más adelante. De todas formas, era bonito coleccionar sellos a lo largo del recorrido con distintivos únicos de la región por donde pasaba. La credencial con sus "huellas" del Camino, además de ser prueba irrefutable de haber recorrido el Camino, era un bonito recuerdo para llevar a casa.

El bar contaba con Wi-Fi y aproveché para enviar un mensaje a Gisselle diciéndole que ya había completado algunos kilómetros de la etapa de hoy. Siendo más específico le escribí diciéndole que: "Solo me faltan alrededor de 30 kilómetros para llegar a la meta". Con algo de suerte al día siguiente estaría llegando a Santiago.

Saliendo del café me encontré con varios amigos quienes querían saber sobre mi "herida". Ya yo me había olvidado del incidente y por un instante no sabía de lo que estaban hablando. Les dije que estaba bien; conversamos por unos instantes y continué rumbo a O Pedrouzo. En la ruta me encontré con Carlos a quien no había visto durante unos días. Mi amigo me acompañó en este último tramo de la etapa. De nuevo conversamos mucho, él en portugués y yo en español, durante los siguientes kilómetros. Cuando llegamos a Santa Irene entramos a un café para descansar y tomar una cerveza.

Diez minutos más tarde salimos juntos hacia O Pedrouzo. Por el camino se me ocurrió preguntarle a Carlos que si ya tenía los dos sellos del Camino y él todavía no había sellado en todo el trayecto... se había olvidado. Tocaba sellar antes de llegar a O Pedrouzo para luego timbrar en el albergue. De otra forma tendría que virar atrás para sellar. Veinte minutos más tarde Carlos se quedó a timbrar en el bar del poblado de A Rúa, mientras yo seguía solo por los próximos dos kilómetros rumbo a mi hospedaje.

Antes de llegar a mi albergue me detuve en el bar a la entrada de O Pedrouzo a descansar y tomar una cerveza. Allí estaban algunos de mis amigos peregrinos quienes ya celebraban la antesala de la llegada a Santiago de Compostela. O Pedrouzo era la puerta por donde habríamos de entrar a nuestro destino.

El número de peregrinos seguía creciendo, sin embargo, la cantidad de albergues también crecía. Por eso no tuve problema alguno para conseguir alojamiento en el Albergue Porta de Santiago. El alojamiento era privado, estaba muy limpio y bien conservado con muchas amenidades. Luego de haber terminado mis tareas "alberguerínas", siendo aún muy temprano me tiré a dormir una siesta antes de salir a recorrer el pueblo.

A la media hora estaba de pie y listo para salir a la calle a dar una vuelta por el poblado. Las calles estaban repletas de peregrinos quienes cruzaban de un lado para otro como niños en el país de la fantasía Yo era un niño más en ese mundo mágico.

Después de un recorrido extenso por el pequeño pueblo llegué hasta el restaurante Galaico, muy cerca de mi hospedaje, y ordené una paella para cenar. Mientras esperaba por mi comida me dio tiempo de llamar a Gisselle para decirle que ya casi llegaba a Santiago de Compostela y que temprano el próximo día, con la ayuda de Dios, estaría tocando la puerta de Santiago. Ambos estábamos eufóricos y corrió a servirse una copa de vino para celebrar conmigo la llegada a la ciudad. Ella desde su casa y yo desde el restaurante, vía videoconferencia, hicimos un brindis por el logro hasta ahora conseguido. Nos despedimos para poder comer mi rica paella.

Cuando acabé de cenar me fui directo al albergue. Aunque era temprano quería estar descansado para completar los últimos kilómetros que me faltaban y llegar a Santiago. Conversé un rato con amigos, quienes compartían el albergue conmigo y luego me fui a la cama.

Dormí muy poco esa noche anticipando la llegada a Santiago de Compostela, después de mucho tiempo en el Camino, este era el día que haría la entrada triunfal a la Catedral. Me preparé para salir a la calle en esta última jornada y me encontré con un día muy bonito, ideal para caminar. La distancia para llegar a Santiago de Compostela era de unos 20 kilómetros con poco desnivel, sin embargo, la segunda mitad de la ruta era mayormente urbana y al parecer cada vez aparecían más peregrinos quienes cubrían gran parte del camino.

Aquí el panorama empezaba a cambiar y ya la nostalgia por el camino que había quedado atrás comenzaba a apoderarse de mí, por otra parte, la sensación de llegar a mi destino me alegraba y me empujaba a seguir adelante. Caminando entre aquel mar de gente me encontré a una peregrina de nombre Joette Reidy, quien era oriunda de Estados Unidos. Joette me acompañó hasta llegar a Santiago de Compostela.

La jornada era corta y no presentaba mayor reto, además, el tiempo estaba muy agradable... ideal para el paseíto de hoy. Tal vez por eso Joette quiso estar cómoda y vistió con falda, usaba sandalias y envió su mochila por correo. Para ella esta sería una buena forma de disfrutar la última etapa del Camino. Sin embargo, para su sorpresa, en medio del camino se desató un chubasco y tuvimos que guarecernos en un café que, por suerte, no estaba muy lejos; para su fortuna, busqué en mi mochila y tenía un poncho, el cual le regalé para poder seguir el camino hasta Santiago.

Luego de transitar varios kilómetros llegamos al Monte do Gozo, la lluvia había pasado y la visibilidad era muy buena. Desde el Monte, por primera vez en todo el Camino se puede ver la Catedral; cuando la pude ver me invadió un sentimiento de alegría y satisfacción. Casi lo había logrado, solamente faltaba caminar una hora más para llegar a la meta.

En este lugar mágico, del Monte do Gozo, la parada fue larga y el descanso poco. Recorrí de un lado para otro hasta ver cada una de las esculturas del Monte tratando de ver la Catedral desde diferentes ángulos. La euforia que sentía y la energía que recorría mi cuerpo me renovaron las fuerzas y continué la marcha a paso apresurado como queriendo adelantar mi llegada a Santiago.

Pensé que siendo esta la segunda vez que entraba a la ciudad como peregrino, no estaría tan cargado de inquietudes; sin embargo, las emociones tenían la misma, o más, carga que cuando entré por primera vez a Santiago. Se me hacía difícil caminar arrastrando tanto entusiasmo.

El 20 de mayo llegamos muy temprano en la tarde a Santiago de Compostela. Después de 31 días en el Camino, 800 kilómetros recorridos bajo el sol, la lluvia, lodo, granizo, nieve, frío, calor, aburrimiento, conciertos de ronquidos en las noches, sufrimientos y penas, había llegado a la ciudad de Santiago de Compostela; pero no todo fue angustia en este recorrido, el Camino me dio muchos amigos, sabiduría, enseñanzas, libertad, me abrió puertas, nuevos horizontes, me dio tiempo para conocerme y compartir conmigo mismo cuando quise y compartir con otros cuando así lo deseé; en fin, cada nuevo día el Camino me recompensaba con nuevas e importantes lecciones.

Cuando estuvimos en la entrada a Santiago, frente al letrero que da la bienvenida a la ciudad, Joette y yo nos detuvimos por unos minutos para tomarnos las requeridas fotos y plasmar este momento para siempre. Ambos nos felicitamos por el logro de completar la hazaña de finalizar el Camino. En los pocos minutos que estuvimos en la entrada de la ciudad pasaron un sin número de peregrinos a toda prisa rumbo a la gran Catedral.

En este lugar mi amiga y yo nos despedimos; Joette continuaba su camino hasta la Catedral. Yo, en cambio, quería alargar la llegada y había reservado un hostal, con agua caliente para una sola persona y quería darme un largo baño, cambiarme y luego subir hacia la Catedral, celebrar un poco y después pasar por la Oficina del Peregrino a recoger mi Compostela.

Dos horas más tarde caminaba inquieto rumbo a la iglesia, la ansiedad por llegar a la Plaza del Obradoiro me nublaba los ojos, apresuradamente subí la pendiente y en medio de un mar de gente, logré divisar el ícono magno de la Catedral de Santiago de Compostela. Cuando llegué a ella, sin parar ni un instante, continué mi marcha por el túnel que da a la Plaza, con paso firme, bajo una lluvia de música celestial interpretada por músicos callejeros que se arremolinaban a cada lado del túnel, llegué a la Plaza del Obradoiro. Con apenas fuerzas en mis piernas para sostener mi cuerpo y respiración profunda, me paré en aquella gran plaza mirando a todas partes tratando de contener mi llanto. He tenido la dicha de hacer muchos viajes alrededor del mundo, pero ninguno se puede comparar con la emoción que se siente, después de haber recorrido el camino de mi vida, llegar a esta gran Plaza del Obradoiro.

Me sentí con ganas de reír, así que reí; luego, envueltas en un suspiro profundo, bajaron dos lágrimas que, después de mojar mi cara, el viento se llevó y fueron a parar a algún lugar dentro de los adoquines que adornaban la Plaza. Con dificultad, porque mis ojos todavía estaban húmedos, alcancé a distinguir un grupo de amigos peregrinos, corrí hacia ellos para abrazarlos y felicitarlos, nos apretamos y con gritos de júbilo, dimos rienda suelta a los sentimientos. De nuevo se nublaron mis ojos y ya no pude contener mi llanto, sin vergüenza y sin oprobio, no me importó y dejé que todos me vieran. Otros por toda la Plaza también hacían lo propio. Accedimos a dar completa libertad a nuestras emociones por largo rato hasta que fue hora de despedirse, tenía que ir por la Compostela y no había cenado. Acordamos vernos después de recoger mi premio para comer y celebrar.

Más tarde, cuando me encontraba en la oficina de Servicio al Peregrino, la fila para recoger la Compostela era interminable, pensé dejar la fila y regresar más adelante, pero sabía que la cola sería igual, mejor era esperar pacientemente dos o tres horas para, de una vez, poder retirar mi bien merecido pergamino. Si había esperado treinta y un días para llegar aquí, ¿qué importaban un par de horas más? La espera, aunque duró dos horas con quince minutos, no fue tan dolorosa pues tuve la oportunidad de ver a varios peregrinos del Camino y conversar con ellos. Dos eran de La Ola del 19; los tres salimos de Saint Jean Pied de Port el 19 de abril y hoy, treinta y un día después habíamos logrado la gran hazaña de recorrer la península ibérica para recoger este "diploma de graduación". Al igual que yo, ellos estaban muy alegres de saber que era la fila donde recibiríamos el premio al final del Camino y valía la pena un pequeño sacrificio más.

El largo tiempo que estuvimos en la fila esperando recibir nuestro galardón lo acortamos contándonos anécdotas y cuentos del camino. Yo narré algunas leyendas de las que conocía y aprendí otras nuevas. Entre ellas me llamó mucho la atención dos versiones del peregrino fantasma de la Catedral. Según una de las versiones y que contara un peregrino que esperaba por su Compostela, en la parte de la plaza de la Quintana cuándo se enciende el alumbrado, se refleja la sombra de un peregrino sobre la pared de la Catedral. Cuenta la leyenda que había un sacerdote que tenía relaciones con una monja del convento de San Paio. Un día el sacerdote acordó, con la religiosa escapar para vivir juntos fuera del contorno religioso. Sin embargo, la monja no acudió a la cita y el sacerdote, quien se había vestido de peregrino para la reunión, se mantuvo yendo todas las noches a la cita acordada con la religiosa. Cuando cae la noche y se enciende la luz en la plaza se puede ver la figura del espectro que puntualmente, cada noche acude a la cita.

Una segunda versión del fantasma de la catedral cuenta que Leonard du Revenan, un noble francés, asesinó a su propio padre para heredar sus riquezas. Como castigo el asesino fue condenado a viajar a Santiago de Compostela. Sin embargo, el noble asesinó a dos personas más en el camino a Santiago. Cuando llegó a la ciudad no encontró donde dormir y se recostó en un muro de la Catedral. A medianoche se le apareció el espíritu de su padre para perdonarle por haberlo asesinado. No obstante, el fantasma lo condenó a esperar eternamente en la Catedral hasta que las almas de sus otras dos víctimas llegaran a Santiago a ofrecerle misericordia. Con la luz de cada noche aparece el fantasma en el mismo sitio esperando por la compasión de las almas de aquellos que él asesinó.

Escuchando leyendas, anécdotas y cuentos del Camino el tiempo pasó casi sin darme cuenta. Estas historias muy bien narradas por peregrinos que las han escuchado y narrado una y otra vez son muy entretenidas y dan un aire de misterio al Camino. Escuchando estos cuentos, casi sin darme cuenta, muy pronto pude llegar al mostrador a reclamar mi premio.

Más tarde, con la Compostela en mano, salí de la Oficina de Servicio al Peregrino hacia el Restaurante Los Caracoles, donde habíamos acordado reunirnos varios peregrinos para la celebración de la conquista. El restaurante estaba atestado de peregrinos y muchas de las caras eran familiares. Después de cenar y festejar hasta tarde, nos despedimos para ir a dormir un poco. La próxima reunión sería al otro día durante La Misa del Peregrino.

Yo regresé a mi hostal y me metí en una tina con agua caliente. Mi intención era despojarme de las impurezas acumuladas durante los últimos treinta y un días y tratar de reparar parte de mi cuerpo que al parecer se había salido de su lugar. Estuve metido allí en aquel mundo extraño apretado por agua caliente, por mucho tiempo y lo único que logré fue añorar cada uno de aquellos treinta y un días que había vivido como ninguno otro en mi vida.

Cuando salí de la tina me metí a la cama para hablar con Gisselle y contarle sobre mi llegada. No sé cuántas horas estuvimos amarrados al teléfono reviviendo una y otra vez la llegada a la Catedral. Lloramos, reímos, celebramos y nos disfrutamos hasta muy tarde. Solo hubo una nube gris en nuestra larga conversación que se extendió hasta que el sueño me rindió. Yo tenía muy presente que el Camino, para mí, no terminaba aquí y continuaba por cuatro días más hasta el Fin de la Tierra.

Al día siguiente, después de un desayuno ligero, fui caminando lentamente en dirección a la Catedral. En la ruta hacia la iglesia me topé con varios amigos, los cuales se habían quedado rezagados en el camino y recién comenzaban a llegar paulatinamente ese día. El ambiente era festivo en cada encuentro, el cual estaba lleno de júbilo, risas, elogios y algarabía. Así fue como, entre saludos y celebración, llegué a la Catedral alrededor de las once y media para asistir a la misa de las doce, conocida como La Misa del Peregrino. Parecía que había llegado tarde a la misa, porque todos los asientos ya estaban ocupados y muchos peregrinos quedamos de pie. Aunque los actos protocolares y misa tardarían una media hora más, se les pedía silencio a los presentes, pero era imposible para muchos peregrinos dejar que sus emociones permanecieran mudas al ver en misa a sus amigos después de haber compartido penas y alegrías durante largos días en el Camino. Cada encuentro entre peregrinos era motivo de risas y algarabías, lo cual hacía difícil mantener la cordura en el templo. Al comenzar la misa se nos dio la bienvenida en varios idiomas a los peregrinos que habíamos allí representando a cada uno de nuestros países. Había representantes de tan lejos como Corea y Australia, entre otros; los más cercanos incluían al país anfitrión y otros países europeos; algunos países estuvieron muy bien representados con un sin número de peregrinos; de otros países la representación no era muy nutrida, algunos solamente estaban representados por solo un peregrino... ese fue mi caso. Pero no importaba de donde venías, ni el número que fuera, lo importante era que éramos hermanos peregrinos, sin obstáculos de fronteras, idiomas, ni clases sociales y con mucho en común. Aunque nuestra amistad recién comenzaba teníamos muy claro que perduraría por siempre.

Ese día estaba de suerte, de los cientos de peregrinos que llegaron a la Catedral hubo uno que pagó la cantidad de 800 euros para que las autoridades de la iglesia pusieran a funcionar el botafumeiro. El espectáculo fue mágico y aunque ya lo había visto antes hoy no era menos lucido que la primera vez. Mientras el botafumeiro volaba por los aires, de un lado para otro, no podía dejar de pensar en mi amigo Juan quien quería ver aquella maravilla y se sacrificó por llegar a Santiago un día antes y así asegurarse de poder ver aquel inolvidable espectáculo. ¿Quién iba a pensar que el botafumeiro estaría presente en la misa de hoy?

Al salir de misa llegaba la parte más difícil de todo el Camino... la despedida. Algunos de los amigos peregrinos comenzaban el viaje a sus hogares y había que despedirlos; cada despedida, que paulatinamente dábamos a diferentes compañeros, era muy emotiva y estaba acompañada de llantos, abrazos, dolor, sentimiento y otras emociones que hacían de aquel adiós uno muy difícil; pero siempre estaba la promesa de que aquella despedida no sería la última. La amistad que nació y se cultivó en el Camino no podía tener su fin en Santiago de Compostela.

Algunos de nosotros fuimos a cenar para celebrar, por última vez, de este episodio vivido, nuestro triunfo y la amistad que nos unía. Fue un lindo compartir el de aquella tarde y noche. Elocuentemente brindamos por la amistad, por nuestros logros, triunfos, proyectos futuros, por nuestros próximos caminos y por tantas otras cosas que ya no me acuerdo. Con penas, angustias, congojas, tristeza y llanto aquí, en Santiago de Compostela, terminaba nuestro Camino Francés. En la mañana temprano algunos emprenderían sus viajes a casa; otros quedarían en Santiago por unos días, para saborear su hazaña un poco más; yo no terminaba aquí, mis pasos me llevarían a Finisterre.

Capítulo XVI: Desde Santiago de Compostela a Muxía

Después de completar el Camino Francés, al igual que hacen otros peregrinos, yo había planificado continuar mi recorrido hasta llegar a Muxía y Finisterre en la Costa da Morte. Llegar hasta el final del Camino en Finisterre no sería gran reto para mí. Había caminado alrededor de 800 kilómetros y físicamente estaba en una excelente condición. El corto camino de solo 88 kilómetros lo podría completar en pocos días. Como tenía una reservación para regresar a Puerto Rico el día 29 de mayo, esto me daba tiempo suficiente para hacer el epílogo del Camino. Distinto al Camino Francés, que termina en Santiago de Compostela, el Camino Finisterre comienza en Santiago y termina en el Cabo da Morte. Sin embargo, algunos peregrinos lo hacen a la inversa, comenzando en Finisterre o Muxía y terminando en Santiago de Compostela. Hay unos pocos que hacen el recorrido en un circuito, comenzando en Santiago pasan por Muxía luego por Finisterre y terminan donde comenzaron en Santiago.

Hay dos formas de completar esta ruta: saliendo de Santiago de Compostela se puede llegar pasando por Muxía primero y terminando en Finisterre; la otra manera de hacer este Camino es comenzando en Santiago de Compostela y llegar a Finisterre para después en una última etapa terminar el recorrido en Muxía. Yo escogí pasar por Muxía primero y terminar mi recorrido en Finisterre.

Al igual que otros caminos de Santiago de Compostela, las razones por las que se hace este corto Camino son muchas y variadas. Entre otras se podría mencionar: el espíritu de aventura, razones espirituales, razones religiosas, o simplemente por curiosidad. A mí me impulsaba la combinación de curiosidad y aventura, sin mencionar lo colorido del camino. Por lo general en estos lugares uno se puede nutrir de mucha información que nos llega a través de leyendas y tradiciones.

Una de estas leyendas nos dice que los romanos encontraron, donde está hoy Finisterre, un altar al sol de cuatro columnas y una cúpula, construida, posiblemente, por los fenicios. Este altar de adoración al sol, conocido como Ara Solis, fue mandado a destruir por el mismo Apóstol Santiago. Sin embargo, el pueblo se oponía a su destrucción y una gran inundación lo derribó y de paso destruyó también el pueblo. Solo se salvaron dos bueyes huyendo del lugar. No obstante, los dos bueyes se convirtieron en piedra y formaron las islas que hoy llevan el nombre de Bois de Gures. Al igual que otros caminos, el Finisterre es una fuente inagotable de estas leyendas y tradiciones que proveen colorido a los lugares por donde pasamos y dan rienda suelta a nuestra imaginación.

Cuando ya estuve listo para salir esa mañana, después de enviarle un mensaje a Gisselle diciéndole que recién estaba saliendo rumbo a Finisterre, me tiré a la calle para buscar un bar donde desayunar. Entré en el café, pero contrario a otros días en el Camino Francés, la ausencia de peregrinos era notable en el establecimiento a esa hora de la mañana, aunque el número de locales era evidente. Comí mi desayuno solo y en silencio, mientras miraba el canal del tiempo en la televisión.

Después de un sabroso desayuno salí de Santiago de Compostela rumbo a Negreira, esta era la primera etapa y con excepción de un pronunciado repecho a mitad del camino, prometía ser de poco desnivel. Todavía era muy temprano en la mañana y aun dominaba la oscuridad por lo que, saliendo del hostal donde me hospedaba, fue muy difícil encontrar el camino que va en dirección contraria a la Catedral. La señalización para llegar a Santiago de Compostela es muy clara, basta con seguir las flechas amarillas que marcan el camino para llegar a la Catedral, como ese es el destino de la mayoría de los peregrinos las señales abundan; sin embargo, en dirección opuesta a la Catedral caminan solamente un puñado de peregrinos y las flechas amarillas disminuyen o son inexistentes. La falta de señalización, junto a la bruma de la mañana, hacía que la salida de Santiago de Compostela fuera todo un reto.

Después de estar perdido por más de media hora, encontré la ruta que me llevaría a Negreira, poco a poco la urbe iba quedando atrás, la bruma se iba despejando y dejaba ver el verdor del campo. Desde lo lejos la vista de la ciudad, con sus luces aun encendidas, era espectacular. Los sonidos del campo comenzaban a dejarse escuchar... el susurrar del viento, pajaritos cantando y agua cayendo de algún arroyo. La mañana era fresca y el ambiente estaba impregnado por el olor a yerba mojada. Parecería que iba rumbo al paraíso.

Como si esto fuera poco, no había un alma en todo el trayecto. Pronto descubrí que, a diferencia del Camino Francés el cual es transitado por un mar de peregrinos, esta ruta a Finisterre era casi desierta. Si el propósito era meditar y buscar respuestas o disfrutar del ruido del silencio, esta senda era idónea.

Caminé alrededor de doce kilómetros sin ninguna dificultad y sin haber visto a ninguna persona en todo el trayecto. Fue en la pequeña aldea de Augapesada que hice una parada para tomar un café y reponer energías. En el bar había muy pocas personas y ningún peregrino.

Cuando terminé en el café emprendí de nuevo el rumbo a Finisterre. Hasta ahora todo el camino había sido relativamente sin ningún desnivel. Pero, saliendo de Augapesada, tenía que subir una pendiente de unos cinco kilómetros y un desnivel de 200 metros para llegar al Alto do Mar de Óvela. El paraje a lo largo del recorrido hacía que la subida a la cima de la montaña fuera menos desquiciada. Con mucho esfuerzo unos cuarenta y cinco minutos después de haber dejado el bar pude coronar la montaña.

Luego de caminar por varios kilómetros, al llegar a Ponte Maceira, decidí parar a tomar una cerveza en el bar de esa localidad. A estas alturas todavía no había visto ningún peregrino en el trayecto. Pagué por lo consumido y de nuevo retomé el camino para completar mi jornada del día.

Con poco esfuerzo y sin ningún contratiempo llegué a Negreira alrededor de las doce del mediodía. Aproveché para recorrer algo del pueblo y comer un bocado antes de pasar al albergue. En el restaurante había muy pocos comensales y comí solo en silencio una pasta a la española. Aunque era temprano almorcé una comida pesada previniendo que la cocina cerraría durante la siesta de la tarde. Cuando terminé de comer me dirigí al hospedaje.

Llegué al Albergue San José como a las dos de la tarde. Aunque no los pude ver, me enteré de que en el hospedaje había tres peregrinos quienes ya estaban descansando. Estos eran los primeros peregrinos de los que tuve conocimiento en todo el trayecto desde Santiago de Compostela a Negreira. Yo también hice lo mismo que los peregrinos allí presentes y después de cumplir con los requisitos del alberge y prepararme para el siguiente día me tiré a descansar por unos minutos.

Una hora más tarde estaba recorriendo y conociendo un poco más de Negreira. Mientras caminaba, por el cristal de un bar, alcancé a ver a un peregrino, el cuarto que tuve conocimiento desde que salí de Santiago. Cuando ya estaba cayendo la noche entré a un café para tomar una cerveza, comer una tapa y hablar con Gisselle, para luego ir a descansar. El bar estaba relativamente vacío. Llamé a Gisselle, pero envió un mensaje que no podía contestar en ese momento porque estaba en una conferencia y me prometió que más adelante hablaríamos. Después de la cerveza me fui al albergue a descansar para en la mañana continuar mi camino.

El 23 de mayo me levanté temprano para comenzar el recorrido del día y el albergue ya estaba solo, todavía no daban las siete de la mañana y los fantasmas que allí durmieron se habían ido a caminar. Al lado del albergue había un café, aproveché para desayunar y luego emprender el recorrido a Olveiroa.

Crucé el Río Barcala por el puente, dejando atrás a Negreira. Esta etapa de hoy, a diferencia de la de ayer, era un poco más complicada. Tenía un sinfín de cuestas y en general era un constante subir y bajar. Sin embargo, el paraje a través de la ruta era muy bonito y en la soledad del camino se respiraba paz y tranquilidad.

De nuevo toda esta etapa estuvo desierta, solamente encontré dos peregrinos en todo el camino, ellos iban en dirección a Santiago de Compostela y cuando me vieron se alegraron mucho, nos detuvimos a saludarnos mientras compartimos un chocolate, maníes y frutas; supe que habían completado El Camino Inglés desde Ferrol a Santiago de Compostela, después de un día de descanso en Santiago habían caminado a Muxía, vía Finisterre y ahora regresaban a Santiago para luego volver a casa. Me contaron que yo era el único peregrino con quien habían tenido contacto en todo el trayecto desde Olveiroa. Después de despedirnos continué mi camino en compañía de pajaritos, corrientes de agua en los arroyos que viajaban hacia algún lado y el viento acariciando las copas de los árboles.

Después de la parada que hice con mis amigos peregrinos, caminé por un par de horas hasta llegar a Vilar do Castro donde entré a un café para descansar y recuperarme. Para estar más cómodo y poder llamar a Gisselle me acomodé a las afuera del bar a tomar una cerveza. Hablamos por un rato mientras bebía mi cerveza y me dijo que estaba saliendo hacia el área oeste a hacer un trabajo. Como estaba muy lejos de su casa pensaba quedarse en un hotel en Mayagüez, pero regresaba temprano el próximo día. Le conté lo mucho que estaba disfrutando esta última parte del Camino, especialmente sin la masificación de peregrinos que es normal en las cercanías de Santiago. Había tenido tiempo de ponderar, meditar, pensar y ver uno que otro fantasma del camino. Y es que cuando se camina sólo la imaginación vuela dando paso a pensamientos fugaces para dejar al descubierto las musarañas de la travesía. Algo que los peregrinos que caminan solos llaman fantasmas del camino.

Nos despedimos con un beso y un abrazo y de nuevo volví a la ruta para continuar mi viaje a Olveiroa. Estos últimos nueve kilómetros fueron más subir y bajar, pero en la tranquilidad del trayecto el caminar, aunque monótono, era muy placentero.

Llegué a Olveiroa sin ningún incidente sintiéndome renovado; el pueblito era pequeño y lo pude recorrer y conocer en poco tiempo, luego me dirigí al albergue, el cual tenía un pequeño restaurante. Después de una ducha pasé al comedor a cenar y tomar una cerveza, allí solamente conocí a una pareja de peregrinos quienes iban a Muxía vía Finisterre, compartimos unas cervezas antes de ir a descansar. Los 33 kilómetros de hoy, aunque placenteros, habían sido extenuantes. El constante subir y bajar del trayecto me había dejado sin deseos de volver a salir del albergue y con muchas ganas de descansar, era más sabio dejar algo de energías para más adelante. El próximo día sería muy especial, iba a Muxía y era unas de las estrellas del Camino.

Me levanté pensando que la etapa de hoy era la más difícil de todo el Camino Finisterre. Esta jornada de Olveiroa a Muxía era de unos 30 kilómetros y comenzaba con la pendiente más difícil en todo el Camino Finisterre. Después de enviarle un mensaje a Gisselle informándole que estaba por salir para

Muxía, bajé al bar a desayunar y me aseguré de comer lo suficiente para tener bastantes energías en esta etapa difícil del Camino. La ruta tenía trayectos muy largos donde no se conseguía bocado alguno ni agua, lo cual requería preparación especial.

Comencé la etapa, temprano en la mañana, en compañía de la pareja de peregrinos que conocí el día antes en el hospedaje. Subiendo la difícil pendiente caminamos hasta pasar la aldea de Hospital, para llegar al cruce donde el camino se divide en dos diferentes rutas; una de ellas iba a Muxía mientras que la otra iba a Finisterre. Mis amigos peregrinos escogieron la ruta a Finisterre para luego continuar a Muxía, yo me decidí por la de Muxía para continuar y en otra última etapa terminar mi camino en Finisterre.

Después de despedirme de mis amigos peregrinos caminé solo entre árboles gigantes por un largo rato, con tiempo suficiente para meditar y disfrutar de aquel paraíso en medio de la nada. No paré a descansar hasta llegar a Dumbria, donde entré en el bar a tomar un café y descansar. Desde que dejé el albergue en la mañana había recorrido unos diez kilómetros y con la excepción de los dos peregrinos que me acompañaron hasta la bifurcación que va a Finisterre, no había visto otro peregrino, el camino estaba completamente desierto.

Luego del corto descanso volví al solitario camino para continuar mi marcha a Muxía. Otra vez la ruta se vestía de verde dejando ver los montes con sus imponentes árboles que me protegían del candente sol. Era muy cómodo caminar en la sombra en compañía de alegres pajaritos, el susurro del viento y el rugido del silencio. Por este increíble bosque caminé inmerso en un mar de pensamientos dejándome cautivar por lo sereno del camino.

Caminando por el bosque me pareció escuchar un ruido raro, pero a la vez conocido; de nuevo volvieron a aparecer los "fantasmas del camino". Mientras avanzaba entre los árboles, el ruido se acercaba a mí; yo traté de descifrarlo, pero el bosque era muy placentero y yo estaba inmerso en su belleza. El ruido continuaba, cada vez más ensordecedor, ahora se me hacía difícil concentrarme y dedicarle mucha atención al bosque. Llegué a un claro y no pude creer lo que mis ojos estaban viendo: allí, por entre los árboles, se asomaba un inmenso mar azul. Casi muero, no había visto el océano desde que salí de mi casa, hacía un mes y medio. Bajé mi mochila y me senté en la yerba mojada a mirar aquella maravilla.

No sé cuánto tiempo estuve allí, sumido en mis pensamientos; la alegría que sentía por haber visto aquel inmenso mar renovó mis fuerzas. Quería quedarme en aquel lugar mágico preguntándome que habría al otro lado del océano, pero tenía una misión que cumplir y decidí continuar el camino hacia Muxía. Después de aquella infusión de naturaleza me levanté y continué mi camino.

Mientras andaba por el bosque pensaba como había cambiado el panorama, avanzaba por un camino verde de árboles altos que parecían servir de centinelas a aquel imponente mar que entre árbol y árbol se hacía visible a mi diestra. Poco a poco, el bosque se fue volviendo menos denso y el mar se dejaba ver cada vez más.

A paso lento, como queriendo alargar aquel momento, continué mi viaje por el maravilloso bosque hasta llegar a Moraime. En esta localidad fui a visitar el Monasterio Benedictino de San Xiao. El monasterio donde hoy se encuentra la iglesia fue construido en el siglo XII y luego fue destruido por piratas y corsarios ingleses. Mi visita de cortesía a la iglesia fue muy corta, pero valió la pena inspeccionar aquella joya del camino.

Después de caminar alrededor de una hora llegué al final del bosque, a lo lejos el pueblo de Muxía daba las primeras señales de vida. Por un camino largo y descubierto llegué a la playa Espiñeirido que conectaba con el pueblo, me quité las botas para caminar por las arenas blancas y tibias que me llevarían a mi destino; no resistí la tentación y metí mis pies en las aguas heladas del Océano Atlántico, poco a poco fui caminando por las arenas mientras tomaba tiempo para meterme en el océano, dejando que las arenas y el mar masajearan mis pies, la sensación era muy agradable y reconfortante.

Así fue como llegué al final de mi jornada, me fui directo al albergue Muxía donde me instalé por esta parte de la jornada. El hospedaje era muy cómodo, limpio y céntrico. Contaba con muchas amenidades tales como lavadoras y secadoras, amplias duchas, máquinas con agua para tomar, toallas, jabón, cocina equipada y la conveniencia de salir a la calle a cualquier hora del día o de la noche. El hospedaje costaba once euros y estaba muy bien atendido por un hospitalero muy atento y servicial. Después de registrarme, ducharme, preparar mi cama y guardar mis ropas, me fui a la calle, que estaba frente al mar, a cenar y también para conocer a esta bella urbe. Aunque todos los rincones de esta linda ciudad son un agasajo a los sentidos, la parte que más me impactó fue su paseo marítimo. La variedad de restaurantes frente al mar, bares, paseo del puerto, y la hermosa vista del Océano Atlántico, hacía esta parte del pueblo un verdadero paraíso terrenal.

En lugar de una cena completa me dediqué a tapear en el área alrededor del puerto. Por espacio de dos horas, comí varias tapas en los diferentes establecimientos antes de regresar al albergue. En el restaurante Lonxa d'alvaro ocupé un asiento bajo una sobrilla en la acera frente al establecimiento. Desde allí la vista era hermosa. Aproveché para hacerle una videollamada a Gisselle para que viera algo de lo hermoso de esta bonita ciudad. Quedó fascinada por la deslumbrante belleza que pudo observar a través de la pantalla de su celular. Yo le describí, como pude, lo hermoso de Muxía, sus entornos y los manjares que tenían los establecimientos por su paseo marítimo. Quise quedarme en aquel lugar platicando con mi ángel y disfrutando de aquella hermosa tarde, pero había otras cosas que hacer y el tiempo me traicionaba.

Cuando regresé al hospedaje tomé un pequeño descanso y más tarde me fui a conocer el Santuario de Virxe da Barca. Es aquí donde muchos peregrinos dan por terminado su Camino. Por supuesto aquí no podía faltar la leyenda del lugar. Según cuentan algunos, el apóstol Santiago no había tenido éxito en su prédica del evangelio en esta parte del mundo y estaba desmoralizado. Un día que Santiago estaba rezando donde se encuentra hoy la iglesia, se le apareció María en una barca de piedra a consolarlo. La virgen animó al apóstol y pidió que regresara a Jerusalén dando así por terminada su misión en esta parte del mundo. Las rocas que hoy se encuentran frente al templo en forma de embarcación, cuenta la leyenda, son los restos de la barca donde llegó María. La leyenda es muy bonita y desde el santuario la imaginación corre para "ver", como en una película, aquella escena que describe la leyenda.

Luego del recorrido por el área de la ermita me fui al Faro Touriñán, cerca de la iglesia, donde las puestas de sol son majestuosas. Desde allí fui testigo de una impresionante puesta de sol.

Estuve hechizado por esta ciudad mágica y no quería ir a dormir. Me dispuse a extender mi estadía todo lo que pudiera y después de la puesta del sol, como a las diez de la noche, fui a un café para tomar una cerveza frente al mar y así terminar mi estadía en esta bella ciudad. La noche estaba preciosa y le dio un toque mágico a mi última noche en este paraíso. El próximo día me esperaba la última etapa, la cual consistía en unos 30 kilómetros, desde Muxía hasta Finisterre. Al llegar al Fin de la Tierra llegaba también al final del Camino.

Capítulo XVII: Desde Muxía a Finisterre

Estaba ansioso por llegar a Finisterre, o mejor dicho al Fin de la Tierra (como se conocía en el mundo antiguo) que, como dije, también era el fin de mi camino. Me levanté muy temprano para ir a desayunar a un restaurante frente al mar donde se encontraban seis peregrinos. El día anterior ellos habían hecho su último recorrido desde Finisterre a Muxía, ahora desayunaban esperando por el autobús que los llevaría a Santiago de Compostela para, seguramente, continuar su viaje a casa. Después de saludarlos me senté a la mesa, cerca de ellos, a desayunar mientras me contaban algunas cosas sobre lo que sería mi destino final; antes de que pudiera terminar mi desayuno llegó el autobús que los llevaría a Santiago de Compostela, nos despedimos y quedé solo para terminar mis alimentos, después comenzaría el largo recorrido. Le envíe un mensaje a Gisselle diciéndole que estaba a punto de salir para Finisterre y que como ella muy bien sabía esta era mi última etapa de este largo recorrido, pronto comenzaría mi viaje de regreso a casa. Luego salí y me paré por un instante frente al mar para escuchar su sonido, quería meter aquel pedazo de edén en mi mente y llevarlo conmigo. Cerré los ojos e inhalé profundo para aprisionar aquella linda mañana y llevarla conmigo. Le di un último vistazo a la bella ciudad que comenzaba a despertar y dando una media vuelta, muy lentamente y con mucha pena, comencé a alejarme de aquel lugar tan mágico. Todavía a lo lejos escuchaba el susurro de las olas que me daban la despedida.

Esta última etapa me pareció una muy agradable, aunque gran parte del camino era rocoso, el bosque era cautivante, con muchos árboles de eucaliptos y pinos. Agregado a la belleza del bosque, el camino trascurría paralelo a la Costa da Morte. Los pájaros en el bosque, el susurro del viento y las olas que suavemente rompían en las arenas blancas del Mar Atlántico formaban una melodiosa orquesta. Como casi todo el Camino Finisterre, la ausencia de humanos era notable.

Cuando había caminado unos quince kilómetros me detuve en Lires para coger un respiro y tomar un café. También allí revisé mis mensajes y Gisselle me había escrito diciéndome que estaba ansiosa por tener noticias mías de que ya había llegado a Finisterre. Le contesté diciéndole que estaba en la mitad de la etapa y pronto estaría tocando las puertas del Fin de la Tierra.

De vuelta en la ruta caminé por muchas horas, metido en mis pensamientos, embrujado por aquel bosque encantador. Estando ya muy cerca de la localidad de Buxán me encontré a una peregrina sola, que venía de Finisterre rumbo a Muxía. Ambos nos detuvimos a charlar por algunos minutos mientras compartíamos golosinas y tomábamos agua. Su nombre era Derika y era procedente de Alemania. Había completado el Camino Francés y ahora estaba haciendo el epílogo a Muxía. Al igual que yo la peregrina caminaba sola, pero a diferencia de mi había comenzado el Camino en Somport, Francia. Cuando terminamos nuestra merienda nos despedimos deseándonos suerte. Ambos estábamos por concluir nuestros Caminos y el encuentro fue el preludio a una cercana celebración que se dio en aquel bosque solitario.

De nuevo, ambos continuamos nuestros caminos en direcciones opuestas. Yo tenía alrededor de ocho kilómetros para terminar mi etapa. A Derika le quedaba mucho más camino por recorrer. Cuando llegué al límite de la ciudad me detuve en un café a comer un bocadillo y tomar vino para celebrar la llegada a Finisterre. Ya llevaba 35 días en el Camino y alrededor de 900 kilómetros recorridos, todo eso cruzando la península ibérica desde Francia hasta el Océano Atlántico. Lo primero que hice fue llamar a Gisselle para decirle que, aunque todavía no estaba en el hospedaje, había llegado a Finisterre. Ambos celebramos muy entusiasmados y cuando nos despedimos salí del bar para sentarme en un asiento que había afuera del establecimiento. Allí me removí mis botas, pedí un vino, me acomodé en el asiento, cerré los ojos, respiré profundamente y comencé a saborear mi bebida y mi triunfo. Fue difícil creer que este camino había concluido. Lo próximo sería formalmente dar por terminado el Camino Francés y su epílogo, el Camino Finisterre, para regresar a casa y comenzar un nuevo camino.

Después de aquella larga y muy merecida parada, continué mi camino con la esperanza de encontrar un albergue cerca al puerto; como había llegado temprano a Finisterre, tuve la dicha de encontrar hospedaje a pocas cuadras del puerto. El albergue *O encontro* fue mi selección de hospedaje en Finisterre. El albergue estaba muy limpio, agradable y cercano a todo lo necesario para estar cómodo en esta linda ciudad costera.

Luego de registrarme y ducharme en el albergue, bajé a cenar frente a la bahía. En la plazoleta, frente al puerto, hay varios restaurantes y todos son muy buenos. Por recomendación de peregrinos en el Camino, yo escogí uno que llevaba el nombre, para variar, de El Puerto. La selección del restaurante fue muy acertada, aunque seguramente cualquier otra alternativa también hubiera sido una buena opción, pues estábamos en Galicia y el pescado fresco llegaba al puerto a todas horas. Era tiempo de celebrar y pedí una langosta a la termidora y una botella de *Altos del Enebro* para darme la bienvenida a Finisterre y festejar mis logros.

Mientras cenaba, entró al restaurante un peregrino procedente de Sudáfrica, de nombre Zareb Tasama, a quien había conocido en Portomarín; le invité a que me acompañara a cenar, pero él ya había comido, sin embargo, me acompañó a tomar una copa de vino. Hablamos un rato mientras yo comía;

como ninguno de los dos había llegado al faro, que es el punto final de Finisterre, acordamos ir hasta allá para ver la puesta del sol. El faro está cerca del kilómetro número 0 y ahí las puestas de sol son espectaculares. Cada atardecer, llegan peregrinos y turistas a admirar semejante belleza. Para llegar hasta el área del faro hay que caminar por carretera alrededor de tres kilómetros y medio, casi todo subiendo. Desde la cima, donde está ubicado el faro a 143 metros sobre el nivel del mar, se puede ver el horizonte y se deja ver la curvatura de la tierra; uno podría entender porque a este lugar se le llama el "Fin de la Tierra".

Luego de haber terminado de cenar me dirigí con mi amigo peregrino hacia el área del faro. Aunque ya estaba cayendo la tarde la temperatura todavía rondaba los 25ºC. Subiendo los tres kilómetros y medio que debíamos de caminar por carretera, sin sombra, el calor se hizo sentir. Para mitigar un poco la temperatura nos detuvimos en un café y tomamos una cerveza. Zareb compró otras cuatro para llevar y tomar más adelante. Luego de hacer la parada en el bar y tomar una cerveza la caminata se tornó más placentera. A esto ayudó mucho que caminábamos con el Mar Atlántico a nuestro lado izquierdo. La brisa de la mar sumada a un paraje fascinante hizo de la aventura una linda experiencia. Conversando sobre algunas anécdotas del camino, poco a poco devoramos los tres kilómetros que había para llegar a la meta con suficiente luz para tomar una segunda cerveza mientras esperábamos la puesta de aquel maravilloso astro. Mi amigo también se había preparado para la ceremonia de la quema de ropa y estaba equipado con bencina y fósforos.

En Finisterre hay una costumbre que consiste en que el peregrino que ha viajado por muchos kilómetros queme su ropa cuando llega al faro. La costumbre viene de los antiguos peregrinos, quienes al llegar al fin del Camino, quemaban sus malolientes vestimentas y buenos samaritanos les obsequiaban ropas limpias. Al oscurecer quisimos cumplir con la acostumbrada ceremonia y en un acto simbólico hicimos una pequeña fogata donde Zareb lanzo su sombrero viejo y yo deposité un par de calcetines y una camiseta que había lavado muchas veces en el camino. No era exactamente lo que hacían los peregrinos de la época medieval, pero el acto era uno representativo y solidario. Debido a que hace un par de años al parecer unos peregrinos hicieron una fogata demasiado grande y el monte se incendió esta práctica, de quemar ropa en el área adyacente al faro, unos años después fue prohibida.

Cuando comenzaban las llamas de nuestra hoguera a extinguirse empezó el sol a bajar en el horizonte regalándonos un espectáculo impresionante. En el sector había un sin número de peregrinos que también quemaban algo de ropa y se fascinaban con aquella hermosa vista. Después de que el mar se tragara nuestro hermoso astro y habíamos tomado las fotos reglamentarias nos quedamos sin luz, excepto por unas cuantas pequeñas hogueras que estaban a nuestro alrededor y que aun daban indicio de vida. Aunque algunos peregrinos querían dilatar lo inevitable, había que comenzar el viaje a casa. Para los que habíamos hecho de Finisterre la última parada, aquí en el Fin de la Tierra dábamos el toque final al fin del Camino. Era hora de regresar al albergue para poner las cosas en orden y comenzar nuestro tedioso viaje. En la mañana Zareb partía en un largo viaje a su natal Sudáfrica. Yo, en cambio, regresaba a Santiago de Compostela para pernoctar una noche más en la ciudad anfitriona y saborear el recuerdo de una increíble aventura. Al día siguiente viajaba a Madrid para comenzar el regreso a mi islita donde Gisselle me daría la bienvenida.

El regreso al área del puerto estuvo mucho más cómodo. La temperatura había bajado considerablemente y el sol no nos castigaba como cuando subimos. Nos ayudaba también el no tener que caminar con mochilas, las cuales habían quedado en el albergue. Sin embargo, era molestoso y peligroso tener que compartir la carretera a oscuras con el tránsito local de automóviles.

Cuando llegamos al puerto entramos a un café para tomar una cerveza y formalmente decir adiós. En el café había otros peregrinos que también, con mucha pena, se despedían de sus amigos. Aunque tomamos dos copas de vino, tratando de retrasar lo irremediable, llegó el momento de la despedida. Salimos del bar para llegar al final del puerto donde entre abrazos y ojos húmedos, en una muy emotiva despedida, mi amigo se fue caminando a su hospedaje, mientras yo me iba a dormir a mi albergue. Tenía que levantarme temprano para, en la mañana, tomar el autobús que me llevaba a Santiago de Compostela.

Capítulo XVIII: Despedida y Regreso a Casa

Al día siguiente 26 de mayo, cuando entré a desayunar al café, cerca de la parada de autobuses, ya estaba abarrotado de peregrinos. Aunque la verdad, ninguno tenía pinta de peregrino. Sus ropas y calzados no parecían adecuados para caminar largas distancias por caminos laboriosos y en cambio sus vestuarios tenían un toque de delicadeza y elegancia. La vestimenta, "de gala" era para despedir el camino dejado atrás y dar la bienvenida a un futuro camino. Me imagino que sus "uniformes" de peregrinos estarían en algún lugar de sus mochilas, las cuales permanecían como centinelas, a la entrada del café. Muy pronto las mochilas desaparecerían en el estómago del autobús, borrando así cualquier indicio que los delatara como peregrinos. Lo que no se podía borrar y era evidente en cada uno de ellos, eran las conversaciones que, casi todas, giraban en torno a algún evento del Camino.

De todo aquel mar de peregrinos solamente conocía a dos amigas estadounidenses con las cuales me había encontrado por última vez en Arzúa y desde entonces no las había visto en todo este tiempo. Desayunamos juntos mientras era hora de moverse a la parada de autobuses. Mis amigas habían llegado a Muxía primero y después terminaron, al igual que yo, en Finisterre. Pero diferente a mí, ellas habían hecho el recorrido desde Santiago en autobús. Querían estar más tiempo entre Muxía y Finisterre y menos en el camino. Por eso escogieron relajarse todo este tiempo y no caminar. Cada cual hace el Camino como guste y todas las formas son válidas.

Después de desayunar me dirigí hacia el área de abordaje del autobús que me llevaría a Santiago de Compostela. En pocos minutos ya había abordado el vehículo y me puse cómodo, cerca de una ventanilla, para el largo viaje. Desde el albergue había enviado un mensaje a Gisselle diciéndole que pronto estaría en camino a Santiago, aunque para cuando recibiera el recado en la mañana seguramente ya yo habría llegado a la ciudad.

Durante el viaje traté de mantenerme despierto y disfrutar el paisaje, pero el cansancio de los últimos treinta y pico de días pudieron más que yo y me quedé dormido. Antes del mediodía ya estábamos en Santiago y me dirigí a un hostal que había reservado. Me duché y me acosté a descansar antes de ir a la calle. Cuando desperté llamé a Gisselle y estuvimos hablando por mucho tiempo. Le envié algunas fotos de las puestas del sol en Muxía y Finisterre. Ambos estuvimos de acuerdo que los dos lugares son espectaculares, sin embargo, las vistas de Finisterre eran un poco más hermosas que las de Muxía. Era de esperarse porque, Finisterre está mucho más alto que Muxía y eso hace que desde lo alto de la montaña el ángulo sea más abarcador. Además de las fotografías de las puestas del sol compartí, con mi ángel, otras vistas del Camino de Finisterre y le gustaron mucho. Yo quería que ella fuera parte del viaje y compartir fotografías y relatos de mis aventuras era esencial para acercarla al Camino.

Cuando terminé de hablar con Gisselle salí a dar una última vuelta a la ciudad para cenar y despedirme. Hacía apenas unos días la ciudad de Santiago me parecía diferente, tal vez más amigable. Ahora algo había cambiado; mis amigos peregrinos ya habían abandonado la localidad y los que estaban allí, o recién llegaban de caminar, o eran extraños para mí. La hermandad de caminantes, recién llegados a la ciudad, era un círculo al cual yo no pertenecía. La confraternidad de peregrinos es algo que nace, crece y se cultiva en el Camino y yo no era producto de sus caminos. Mis hermanos ya habían desaparecido y yo era un extraño más para aquel mar de peregrinos que constantemente llegaba por distintas vías para celosamente celebrar y confraternizar entre ellos. Mis hermanos peregrinos, con los cuales compartí el camino por muchos días, ya pertenecían a otro mundo, cualquiera que fuera. En Santiago estaban o llegaban a cada hora nuevos peregrinos que no eran parte de mis andanzas en el Camino y eso nos separaba como hermanos peregrinos. Sin embargo, porque ambos en alguna ocasión tuvimos la dicha de haber recorrido el Camino eso nos hacía de una misma estirpe. En Santiago de Compostela, para poder disfrutar mi última estadía en la inolvidable ciudad, ahora tenía que familiarizarme de nuevo con sus "normas y costumbres".

Sin rumbo fijo comencé a recorrer los callejones de Santiago y en una calle insignificante, en un bar mientras tomaba un café, conocí a una peregrina quien después de haber completado el Camino, se había quedado en la ciudad por varios días. Sus amigos peregrinos también habían abandonado la ciudad y ahora, al igual que yo, permanecía en Santiago sin un rumbo fijo y sin amigos. Conversamos por un rato y me enteré de que su nombre era Eloise, oriunda de Francia y recién había hecho el Camino del Norte desde Irún. Unos años antes Eloise también había hecho el Camino Francés desde Saint Jean Pied de Port. Nuestra conversación giró en torno al Camino del Norte porque, yo le comenté que ese Camino estaba próximo en mi agenda. Me entusiasmé mucho con el Camino que ella recién terminaba de hacer porque, aunque lo pintaba como uno muy exigente, me habló muy bien de él. Yo decidí que definitivamente en algún momento haría el Camino del Norte.

Conversé con Eloise por espacio de una hora y resultó que ninguno de los dos había cenado todavía. Me habló muy bien de un restaurante que conocía en la Rúa de San Pedro, la comida era muy buena y su atento personal era muy amigable. Ambos decidimos caminar hasta el restaurante para saborear lo que ella llamaba "rica comida".

Cuando llegamos al establecimiento al parecer Eloise era una clienta regular en el restaurante. Mi amiga y Pedro, el camarero, se saludaron afectuosamente e intercambiaron algunas palabras en francés antes de presentarme. Pedro fue muy amable, tal como me lo había descrito Eloise y nos consiguió una mesa con vista a la calle. El camarero nos dijo que el *rabo de toro* estaba exquisito y siguiendo su recomendación ambos nos decidimos por el plato. Mientras esperábamos por la comida compartimos una botella de vino tinto y el mesero nos obsequió un par de almejas para abrir el apetito.

Pedro había acertado y el rabo de toro estuvo delicioso. Nos quedamos platicando una media hora más después de haber cenado. Aunque mi amiga se quedaría un día adicional en Santiago, para recorrer un poco más la ciudad y yo salía para Madrid muy temprano en la mañana, decidimos caminar hasta la Catedral para darle el último adiós (por ahora).

Al llegar a la Catedral todavía arribaban peregrinos de los que durante el día se habían atrasado y paulatinamente hacían su entrada en la Plaza del Obradoiro. Además de los cientos de peregrinos arremolinados en la plaza, había algunos turistas curiosos que se maravillaban con la grandeza de la Catedral y a la misma vez veían a los recién llegados peregrinos con miradas interrogantes y de asombro.

Yo no pude evitar sentir admiración y envidia por aquellos valientes aventureros que, como yo también lo hice unos días antes, llegaban a la plaza con rostros de triunfo e incredulidad. Bajo aquel ambiente, que para mí ahora era un poco extraño, me despedí de Eloise, di la vuelta para enfrentar la Catedral por última vez y con una mueca de dolor y un guiño malévolo le dije "hasta pronto" a aquel emblemático símbolo.

Ya en el albergue, después de haberme duchado, me metí a la cama y conversé con Gisselle por unos quince minutos. Suficiente tiempo para una corta narrativa de lo que fue mi breve estadía en Santiago. Esta era la última vez que Gisselle y yo estaríamos en conversación hasta llegar a Madrid. El próximo día tomaría el tren de las cinco de la mañana y por la diferencia en horario la conversación con ella no sería práctica, temprano en la madrugada.

Estaba ansioso por el viaje a casa, que ya había comenzado y dormí muy poco esa noche. Me levanté muy temprano y dejé el albergue a las cuatro de la mañana para caminar hasta la estación del tren. Cuando llegué tenía suficiente tiempo y retiré café y bollería de las maquinas que allí se encontraban, para comer un desayuno liviano antes de abordar el tren.

A las cinco de la mañana del 28 de mayo abordé el tren rumbo a la ciudad de Madrid. En el tren pedí un desayuno y después de comer me relajé para disfrutar del viaje. Durante el trayecto, que duró cinco horas con diez minutos, pude descansar quedando dormido por intervalos hasta llegar a la estación Chamartín. En la estación aproveché para almorzar y más tarde caminar hasta el Hotel Exe Plaza donde pasaría mi última noche en España antes de mi regreso a Puerto Rico.

Cuando llegué al hotel me metí en una tina de agua caliente y estuve inmerso en agua y pensamientos por un largo rato. Aquí comenzaba el proceso de reflexionar y asimilar lo que había sido mi vida durante este largo y místico viaje. Cuando salí del baño me introduje en la cama y no quise salir de la habitación hasta la hora de cenar. De hecho, cuando bajé a cenar lo hice en el restaurante del hotel para evitar salir a la calle. El restaurante estaba prácticamente vacío, con solamente tres comensales y yo. Comí en silencio y regresé a mi habitación para mirar un poco de noticias mundiales.

Por más de un mes y medio estuve alejado del mundo, excepto lo "necesario" a través del internet, y poco a poco tenía que regresar a la realidad de la "vida mundana". Tarde o temprano tenía que enfrentar la cruda realidad de integrarme al mundo en el cual vivía. Las noticias mundiales me daban la oportunidad de comenzar a hacer esa transición.

Debo de haberme quedado dormido y como a las once de la noche recibí una videollamada de Gisselle. Estaba alegre y a la misma vez ansiosa porque, después de un mes y medio de ausencia, al día siguiente nos veríamos por primera vez en mucho tiempo. Nos envolvimos en una conversación que duró casi hasta las tres de la mañana. Yo tenía que levantarme temprano al día siguiente para tomar el vuelo a casa, pero sintiéndome muy a gusto y ya saboreando el encuentro entre nosotros, el tiempo transcurrió como el viento, hasta que la batería de mi teléfono comenzó a quejarse y darme indicios de que era imperativo parar nuestra conversación. Nos despedimos con un beso, un abrazo y un "te veo más tarde"; sabiendo que estaba necesitado de energías traté de dormir un poco.

Cuando me levanté en la mañana tomé una ducha caliente para tratar de recuperar las horas perdidas de sueño. Media hora más tarde entré en el restaurante a desayunar, para luego caminar hasta la estación de trenes de Chamartín donde abordaría el metro hasta el aeropuerto. Cuando llegué al terminal del Aeropuerto Barajas, en unos cuarenta y cinco minutos pude hacer mis trámites y prepararme para abordar el avión y esperar por la salida de mi vuelo. Luego de un largo y memorable viaje, finalmente, regresaba a casa.

Dos horas y media más tarde, ya por fin, me encontraba en pleno vuelo y rumbo a mi terruño. Me acomodé tratando de relajarme para las ocho horas de vuelo y comencé a organizar mis fotos y a repasar las notas de mi viaje. Mientras releía mis apuntes y ordenaba mis fotografías recordaba lo intenso que había sido aquel mes y medio desde que comencé el Camino al otro lado de los Pirineos un 19 de abril del año 2016. La experiencia fue increíble: espiritual, dolorosa, emotiva, tierna, alegre, informativa y enriquecedora. El dolor, los desafíos el cansancio físico, acompañado a veces con el aburrimiento, la lluvia, el viento, la nieve, el granizo todo era parte de esta gran experiencia; pero también lo eran los nuevos amigos, aventuras increíbles, compartir y aprender de amantes del Camino, ampliar mis conocimientos históricos y culturales, maravillarme con la belleza de la Madre Naturaleza y vivir intensamente en un mundo tan increíble y extraordinario.

Aseguran algunos peregrinos que después de una experiencia como ésta la vida no vuelve a ser la misma. Yo no sé si mi vida cambiaría y sería diferente a como era antes del Camino, pero lo cierto es que aquellas maravillosas lecciones que viví inmerso en la naturaleza me hicieron crecer y aunque tal vez mi mundo siga siendo el mismo, ahora tengo la sensibilidad de apreciarlo desde otro enfoque. El Camino de Santiago de Compostela, de alguna forma, me tocó y yo estaba seguro de que, por mucho tiempo, mi vida iba a ser influenciada por esta inolvidable experiencia.

Los caminos nunca terminan y cuando un camino" termina" es porque está atado al comienzo de una próxima andanza. Aquí, a 30,000 pies de altura, daba por terminada la aventura que fue el recorrido del Camino Francés del, para mí, histórico año 2016. Sin embargo, en unas cuantas horas comenzaría mi nuevo camino que me aguardaba al otro lado del océano. Allí estaba Gisselle para, tomado de su mano caminar y al igual que el sol en Finisterre, perdernos en el horizonte.

Estaba muy seguro de que, en un futuro no muy lejano, volvería de nuevo al Camino de Santiago de Compostela. Pero estaba por verse si para mi regreso al Camino la compañía de Gisselle sería espiritual, como lo fue en este recorrido, o presencial dando matiz y aliento a una próxima aventura. Mientras tanto caminaríamos juntos por la vida hasta que el universo resolviera diferente.

Ilustraciones y Mapas

Mapa de Francia, España y Portugal (y peregrino portando la bandera de Puerto Rico).

Desde Saint Jean Pied de Port, Francia, cruzando las siete provincias de Navarra, La Rioja, Burgos, Palencia, León, Lugo, y A Coruña, hasta Finisterre, Cabo da Morte, España.

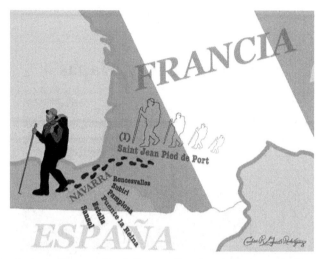

Provincia de Navarra: Desde Roncesvalles, después de cruzar los Pirineos comenzando en Saint Jean Pied de Port, Francia, hasta Sansol.

Provincias de La Rioja, Burgos, Palencia, y León: Desde Logroño hasta Villafranca del Bierzo.

Provincias de Lugo y A Coruña: Desde O Cebreiro hasta Finisterre.